LIBRO 1

Habilidades de
COMUNICACIÓN
ESCRITA

ASERTIVIDAD • PERSUASIÓN • ALTO IMPACTO

SONIA GONZÁLEZ A.

GRUPO NELSON
Una división de Thomas Nelson Publishers
Desde 1798

NASHVILLE   DALLAS   MÉXICO DF.   RÍO DE JANEIRO

Editora General: *Graciela Lelli*

Diseño interior: *Grupo Nivel Uno*

ISBN: 978-1-60255-376-7

Impreso en Estados Unidos de América

11 12 13 14 15 BTY 9 8 7 6 5 4 3 2 1

Dedicatoria

A Jesucristo, el mejor comunicador de todos los tiempos.
El Verbo. De principio a fin.

A mis hijos Daniel y Ángela María, maravillosa prolongación
de este legado. Herencia de Dios. Tesoro incalculable.
Gracias.

Prefacio

«Para Sonia, en su casa de México,
con 365 llaves y una flor».

G<small>ABRIEL</small> G<small>ARCÍA</small> M<small>ÁRQUEZ</small>
M<small>ÉXICO</small>, 2002

Dedicatoria del Nobel, sobre la página en blanco de su libro *Cien años de soledad,* a la autora Sonia González A., durante su visita a la casa del escritor, en ciudad de México.

Índice

- *Claves* para entender que, además de saber escribir con técnica y desarrollar las habilidades propias de un buen escritor, es necesario escribir con ciertos principios que comuniquen, más allá de los conocimientos, los valores que usted transmite en cada uno de sus textos

Introducción

Lo que cuesta impactar por escrito

Para alcanzar un mayor nivel de asertividad, persuasión y alto impacto, los ejecutivos de las empresas necesitan tener claridad y capacidad de síntesis. La fluidez de los mensajes produce un agradable clima de calidez en la entidad y, como consecuencia, aumenta la rentabilidad.

De las ocho horas diarias que la mayoría de los profesionales pasa en sus puestos de trabajo, por lo menos el setenta por ciento del tiempo lo aplican al oficio de escribir. Por eso debería serles fácil, pero no es así.

En la redacción de informes, proyectos, propuestas, ponencias y cualquier otro documento organizacional, hasta el mensaje más sencillo de correo virtual, se puede convertir en una tarea complicada, casi «gastrítica».

Peter Senge, autor del éxito de librería *La quinta disciplina*, y padre del aprendizaje organizacional, dice: «No basta saber "de", hay que saber "cómo"». En mis conferencias, yo le agrego siempre a esa valiosa tesis, lo siguiente: «No basta saber "de", hay que saber "cómo transmitirlo"».

Porque aunque los funcionarios cuenten con un vasto conocimiento de su tema y sean expertos con maestrías, especializaciones o doctorados, con frecuencia enfrentan bloqueos al transmitir sus conocimientos por escrito. Esto se da hasta en los más altos cargos.

No basta conocer el tema. El experto necesita desarrollar unas habilidades determinantes para comunicar todo eso que sabe. Así transmitirá sus mensajes con claridad y concreción, logrando el alcance y el impacto que necesita.

Claridad es igual a efectividad y efectividad es igual a alto impacto. Y todo ello es igual a rentabilidad.

El personal de las empresas e incluso los gerentes y jefes de área así como los funcionarios de las universidades creen que el problema está en sus errores de ortografía. Pero deben mirar más a fondo el asunto.

Después de largos procesos de investigación al respecto, entendemos que se trata de mucho más que problemas ortográficos. La ortografía es importante para la limpieza de los textos, pero eso no lo es todo. Por eso, mi taller de ortografía es uno, y el de expresión escrita, otro.

La mayoría de los problemas y bloqueos de la comunicación escrita están en el estilo. En la forma de ordenar las ideas. En la manera de presentar los párrafos.

La comunicación escrita no es sólo un asunto ortográfico y de leyes gramaticales, sino de una habilidad especial. Es estilo personal. Una capacidad determinante para el éxito de un profesional.

¿Se imagina todo lo que podría alcanzar si pudiera escribir sus ideas de una manera más asertiva, concreta, precisa y persuasiva?

¿Se imagina lo que sucedería en las empresas si los profesionales de todos los niveles pudieran escribir de una manera más fluida y divertida?

¿Se imagina una entidad en la que todos salen de los paradigmas de la redacción aburrida, enredada, robotizada y arcaica que los mantiene bloqueados?

Como todas las competencias organizacionales, la de la comunicación escrita requiere de un entrenamiento especializado. Nadie nació sabiendo cómo escribir bien.

En las universidades enseñan de todo, pero poco sobre cómo comunicar eso que han aprendido.

En las facultades de comunicación social sólo hasta ahora comienza a verse el interés por enseñar a los profesionales a escribir con calidad. La gente sale de la universidad versada en todo, pero bloqueada en la comunicación escrita.

Al egresar de la excelente Facultad de Comunicación Social de la Universidad Javeriana me llamaron para dirigir la página cultural del periódico *El espectador.* Yo tenía diecinueve años. En la primera prueba que me hicieron, tenía que escribir un comentario sobre una revista cultural llamada «Café Literario».

Ahí me di cuenta que sabía mucho de epistemología, morfosintaxis, metodología, lógica simbólica, economía, historia, ética, religión, psicología, filosofía menos cómo escribir con claridad y fluidez. Y aunque hubiese sabido, la verdad es que, ante el terror de la página en blanco, quedé bloqueada.

Después de intentar en vano, bañada en llanto y con la mente embotada, llamé a mi papá para que me ayudara. Aun recuerdo su voz en el teléfono cuando me contestó: «Tú puedes» y colgó. ¡Y me dejó colgada!

Al cabo de ocho horas, desesperada tratando de inventar cada vez un artículo diferente, ya no sabía ni cómo escribir. Con la rabia propia de alguien que se siente frustrada porque piensa que cometió el peor error de su vida al estudiar «esa carrera», por no saber escribir, tomé conciencia de que debía salir de alguna manera del problema o me cerrarían el periódico y me quedaría a dormir allí, con toda mi angustia y bañada en lágrimas.

En ese momento de pequeña lucidez e inteligencia emocional, decidí controlarme. Se me ocurrió, por fin, mirar la «bandera» de la revista. Allí aparecía, radiante, el nombre del director, Néstor Madrid Malo. Lo llamé para ver si me sacaba del lío.

Me dijo todo acerca de la revista: su objetivo, sus fundadores, los contenidos, la estructura, la historia, los artículos, las ediciones, la proyección. De repente, la sala de redacción se iluminó. Comencé a ordenar las ideas y todo empezó a fluir. Al día siguiente me llamaron para el cargo.

Gracias a Dios conté con la escuela de mi padre, Gonzalo González «G.O.G.», el mejor maestro de redacción —y el mejor papá— de la historia del país. Maestro de los mejores escritores y periodistas de la nación.

Mi papá era primo de nuestro admirado Premio Nobel de Literatura, el escritor más célebre del siglo XX: Gabriel García Márquez. Ambos nacieron en Aracataca, Colombia, un pequeño municipio típico de Magdalena, Colombia, con un don providencial: el de dar a luz personajes ilustres en varias disciplinas.

Crecieron juntos en el diario *El espectador.* El profesor británico Gerald Martin, autor de la reciente biografía «tolerada» del Nobel, lo menciona como «su primo Gonzalo González, "G.O.G."».

Crecí entre intelectuales de enorme talla. También entre sonidos de alegres guitarras, tamboras, maracas, gaitas y acordeones del Caribe paterno, que se confundían, por influencia materna, con las dulzainas y los tiples del interior. Mi casa estaba construida con la mezcla perfecta y deliciosa de los buenos libros, la buena música y una familia feliz que vivía de fiesta en fiesta. Allí se reunían los más grandes periodistas e intelectuales del país. Personajes de talla XXL como Daniel Samper Pizano, Álvaro Castaño Castillo, José Alejandro Bonivento, José Salgar.

Hoy, mi hijo Daniel (24) es un músico, compositor e intérprete extraordinario, con un «factor X» impresionante. Y mi hija Angie (20), canta con voz de ángel. A ese don musical de familia, se le suma el talento y la inclinación heredada de su padre, Alberto Vengoechea, por la exquisita cocina *gourmet*. Complemento perfecto.

De nuevo en mi casa paterna, en medio de ese ambiente de calidez y alegría que se volvió una marca en mi personalidad, muchas veces vi a mi padre entrenar personas importantes en el oficio de escribir. Le encantaba enseñar.

Era un erudito. Un maestro de oficio. Un mentor inigualable. Un tremendo bailarín de salsa, el mejor animador de las fiestas con su guitarra, un excelente orador y el papá más bello del mundo.

Vivió con la única pretensión de preparar a otros para ayudarles a alcanzar sus sueños. Siempre con su bajo perfil, poco ambicioso, su pasión por la naturaleza y su capacidad de ser —como dice Gabriel García Márquez en sus memorias— «experto en todo». Lo llamó «mi primo Gonzalo González, "la columna más inteligente" de *El espectador*».[1]

Cuando mi padre falleció, el diario *El espectador* tituló a seis columnas: «Murió el intelectual puro, y el puro intelectual». Nos marcó a muchos con su escuela de maestro inigualable del lenguaje, desde el «Magazine Dominical» de ese diario, en su época dorada, y desde sus columnas exquisitas.

Mi papá era un intelectual de verdad. Un filósofo. Sabía de griegos, de derecho, de filosofía, de lógica, de psicoanálisis, de la Biblia...

Se ganaba todos los concursos de televisión sobre preguntas de temas complejos y difíciles. Hablaba de peces, de plantas, de aves, de literatura clásica y contemporánea. Su capacidad y su conocimiento eran impresionantes. Su biblioteca era inmensa. Fue un ser brillante.

Poco antes de morir, a los setenta y dos años, entró en una etapa espiritual bellísima y muy profunda. Decidió renunciar a sus dudas y «botarlas en mil bolsas negras de basura».

Renunció también a su seudónimo de «Gog y Magog», que utilizó por años en sus columnas de *El Espectador*, porque entendió que era mucho más que un juego de letras con su nombre y apellido.

Tampoco quiso asociarse más con el libro *Gog*, de Giovanni Papini. Porque entendió que, en la Biblia, estos son personajes «enemigos de Dios», enviados del «anticristo» (Ezequiel 38, 39). Por eso, cambió su firma y la escribió con puntos entre las iniciales de su nombre y apellido: Gonzalo González: G.O.G. Porque en Colombia, ya todo el mundo lo reconocía con ese seudónimo. Ahora renovado.

Por eso, al final de sus días, mi papá se convirtió en amigo de Dios. Reconoció a Cristo y, en medio de su enfermedad terminal, recibió una intensa revelación de lo que significa «nacer de nuevo».

Como un niño, liberado de la maldición apocalíptica de su seudónimo y de esa terquedad intelectual que siempre le bloqueaba la capacidad de creer, se fue con la seguridad de que entraría al cielo. Por pura gracia.

Hablaba de un «paraíso recobrado». Tuvo la visión de la eternidad. Y se leía toda la Biblia. Encontró en los últimos capítulos del Apocalipsis la mención de «un cielo nuevo y una tierra nueva». Y me dijo: «Cuando tengas una revista, la llamarás *Cielo nuevo*».

Esta revista es hoy una realidad. Es una publicación de buenas noticias sobre responsabilidad social, valores y transformación en Latinoamércia, que circula con el nombre de *DAR!* y es producida desde la Fundación Cielo Nuevo que ahora presido.

Ha circulado ya en *El tiempo* y en *El nuevo herald*. Y, como una antorcha, continuará su misión para las próximas generaciones.

En sus últimos días, mi padre escribió: «Hoy me arrepiento de nunca haberme arrepentido de nada. Me arrepiento aun de haber dicho que me arrepentía, sin estar verdaderamente arrepentido».

El día de mi cumpleaños, el 27 de abril, desde su lecho de enfermo le escribió en una tarjetica blanca, una frase muy propia de él a su hija menor, tan consentida y amada: «Tú terminas los abriles, que comienzan la primavera».

Con un sentimiento de inmensa gratitud a Dios lloro al recordarla por ese legado de escritora que me fascina y que hoy puedo transmitir a otros, a través de mis capacitaciones y por medio de este libro. Sueño hecho realidad. Misión cumplida.

Aunque digo que era su consentida, aclaro que me consentía tanto como a mis cuatro hermanos mayores que tanto amo: Santiago, Verónica,

Adriana y Luz Ángela. Porque él tenía la capacidad de dar un amor especial y distinto a cada uno, según su lugar. El mío era el quinto. No hay quinto malo.

Fue mi director de énfasis en la universidad. De él aprendí todas las claves acerca de la claridad, concreción, precisión y exactitud. Tomé todos los talleres de «Artesanía del lenguaje» en la sala de mi casa, con mis compañeras de universidad, Ivonne Gómez, hoy destacada periodista de *El nuevo herald* en Miami, y Amparo Barbosa Navas, hoy en altos cargos administrativos en Bogotá, Colombia.

Colgaba el tablero blanco junto a los helechos inmensos que él mismo regaba y a las increíbles jaulas de canarios multicolores que trinaban como fondo musical de sus clases amenas. Aun puedo escucharlos cantar.

Muchos de los periodistas, escritores, intelectuales, funcionarios de empresas y del gobierno que fueron sus alumnos en las universidades, en las facultades de periodismo y derecho, me dicen, cuando nos encontramos en los pasillos: «Eres la hija de mi mejor profesor».

Era un editor de oficio. Cuando yo escribía las páginas del día en el periódico, siempre estuvo ahí para corregirme.

Como corrector de estilo fue conmigo no solo exigente sino implacable. Mis artículos en los periódicos y revistas me los corregía con un lápiz rojo. Y claro, yo salía de casa molesta y triste. Me montaba en mi primer carrito, un Fiat-Topolino color terracota, que entraba y salía con mucha dificultad del garaje de la casa, porque debía estacionarlo después de los dos grandes autos de la familia. Y como estaba aprendiendo a manejar, me daba golpes contra las paredes, la nevera, la llave de la lavadora... contra el mundo.

Si bien quería agradarlo, no alcanzaba su nivel de exigencia. Todos me felicitaban por mis escritos, menos él.

Una vez me corrigió el párrafo de entrada o *lead* (el que dirige) de una de mis publicaciones en *El tiempo*. Era una crónica sobre la vida de Eva Perón.

La calificación de mi papá acerca de la página del periódico que salió ese día publicada decía así, con afilado lápiz rojo: «Parece entrada de Topolino en reversa».

Hoy muero de risa al recordar el duro aprendizaje. Pero en esos días de mis comienzos como escritora, moría de rabia y desesperación. Creo que en mí se hizo realidad aquel viejo adagio que reza: «La letra con sangre entra».

Cansada de tantas correcciones que me parecían insoportables e injustas, decidí escribir como yo quería. Con mi forma apasionada, intensa, de ser y de sentir.

Fue sólo entonces —diez años después— cuando, al terminar mi reportaje para la revista *Diners* sobre el ex presidente Carlos Lleras Restrepo, mi papá me escribió encima del artículo publicado. «¡Ya tienes estilo propio!» Sentí que había triunfado. ¡Por fin!

Han pasado muchos años. No quiero contarlos ni acordarme cuántos son. Sólo sé que hoy aprecio con toda mi alma la bendición de haber tenido a mi padre como corrector de cabecera. ¡Qué gran privilegio! Valió la pena sembrar con lágrimas en este terreno fértil. Su trabajo no fue en vano. Hoy puedo recoger la cosecha con inmensa satisfacción y alegría. Y, además, con muchos frutos.

Es todo este legado, este amor por la redacción, la expresión escrita y la comunicación en todas sus formas lo que me ha llevado día a día a las empresas, universidades y entidades de mi país y del exterior.

Ayudar a la gente a encontrar su estilo y desbloquear su comunicación escrita se me ha convertido en toda una misión. Así cumplo con la palabra profética que un día me dijo mi papá: «Tú eres mi prolongación».

Confieso que siento una severa indignación cuando veo a un buen profesional, abogado, ingeniero, economista, publicista, contador, administrador de empresas, gerente comercial o lo que sea, lleno de conocimientos, pero con un enredo en sus ideas y una redacción pesada.

El propósito de esta obra es, más que enseñar a escribir en forma ortográfica y con «gramaticalismos» rígidos, enseñar a construir una cultura transformadora en la comunicación inteligente de los líderes, profesionales e intelectuales de influencia.

Mi meta de oro es capacitar a miles de líderes para que sepan transmitir lo que piensan con asertividad y alcancen un impacto en su comunicación. Traspasarles a ellos lo que aprendí con lágrimas. Y cuando estén bloqueados, decirles: «Tú puedes».

Le invito a gozar la dicha de alcanzar las virtudes necesarias para escribir lo que quiere decir, no otra cosa. A disfrutar el deleite de la fluidez en las ideas. Y a partir de una metodología sencilla pero práctica, transformar no sólo sus textos, sino su forma de pensar. A desarrollar esos conceptos brillantes e ideas valiosas que guarda en su mente pero que no se atreve a expresar por escrito por temor a no ser preciso en las palabras. A maximizar su talento humano a partir de la calidad de sus textos. Y, al mismo tiempo, despertar en usted la pasión por una comunicación escrita cada vez mejor.

Le entrego aquí una caja de herramientas útiles para que sus mensajes, no tengan ni bloqueos, ni abusos ni excesos enviciados. Las podrá aplicar a su comunicación escrita diaria sin complicaciones. Este libro le facilitará la tarea de escribir.

Se le descomplicarán así todos sus procesos y comenzará a disfrutar el día a día. A vivir feliz su tiempo laboral mientras alcanza nuevos niveles y se proyecta en la dimensión de la expresión personal mucho mejor, a partir de unos escritos mucho más inteligentes.

Será un escritor más asertivo, persuasivo, fluido, productivo y, por supuesto, feliz.

Pasado mañana, le heredará este legado a sus hijos y a sus nietos. Es un aprendizaje para la vida.

Prepárese para impactar escribiendo. ¡Usted puede!

Sonia González A.

Justificación del nombre de esta serie de libros

«*MENTORING*» PARA COMUNICADORES INTELIGENTES

Escogí la palabra *mentoring* [orientar o asesorar] porque es un concepto y una metodología de aprendizaje para profesionales de alta gerencia, que me impacta y agrada mucho. No escribí la palabra «mentoreo», en español, porque no existe ni traduce la idea en forma exacta. No significa lo mismo.

Por eso, aunque soy una defensora y amante del significado de las palabras en el español, creo que muchas veces se puede acudir a otros idiomas, en este caso el inglés. Sólo cuando no existe la palabra exacta en español, y cuando el caso lo amerita. Como en esta oportunidad.

Mentoring significa: Aconsejar, asesorar, entrenar, cuidar, empoderar el desarrollo de una persona, para que logre una productividad más efectiva. Es una técnica, una filosofía que consiste en que el mentor transfiere a otra sus conocimientos y su experiencia.

Todo ese significado de *mentoring*, y mucho más, es lo que quiere ser y transmitir este libro: una herramienta de acompañamiento para potencializar el talento y conocimiento de los buenos profesionales a través de la comunicación escrita asertiva, persuasiva y de alto impacto.

Y lo escribí entre comillas, «*mentoring*» [en adelante se escribe en cursivas], porque es tomado del inglés, como un neologismo. Pero también porque es un poco en sentido figurado. Este no es un curso, ni un diplomado en *mentoring*. Se trata, más bien, de una mención amable a un término actual. De agregar valor, potencia interior y pasión al maravilloso oficio de la comunicación escrita, cada día.

CAPÍTULO 1

Cómo corregir su estilo

- Reconocimiento de los vicios y bloqueadores de sus textos
- *Claves* para erradicar los catorce vicios más comunes de la expresión escrita:

1. Lenguaje arcaico: de lo «jurásico» a lo «*tcherásico*».
2. «Gerunditis»: generando, produciendo, «gerundiando».
3. Terminaciones en... mente: cordialmente, generalmente...
4. «Queísmo»: una entidad que, a medida que, cada vez que...
5. «Dequeísmo» y «Dequefobia»: ¿cuándo usar el «de que»?
6. «Seísmo»: «se percibe», «se verifica», «se le tiene...»
7. «Deísmo»: «a pesar de los precios del mercado de valores...»
8. «Yotacismo: "líder y confiable, y que además... y por eso..."»
9. Cacofonía: una hamaca café, cálida y hermosa.
10. Monotonía: teniendo en cuenta... la cuenta.
11. Neologismos, barbarismos y esnobismos.
12. Verbos empobrecedores: «tener», «poner», «hacer».
13. Conectores como «muletillas»: «adicionalmente», «cabe aclarar».
14. Párrafos largos: ladrillos interminables.

¿POR QUÉ VICIOS?

Son vicios porque aparecen de manera ansiosa. ¡Siempre los mismos! Con los síntomas evidentes de una conducta viciosa: se repiten con insistencia y... ¡no puede parar! La mayoría de las personas los utilizan en forma casi compulsiva, a través de sus documentos. Para poderlos erradicar, lo primero es reconocerlos, como en cualquier vicio. Después de salir de la negación, podrá comenzar a eliminarlos sin problemas. Enfréntelos. No les tema.

LOS VICIOS MÁS COMUNES DE LOS TEXTOS

Primer vicio: Lenguaje arcaico

Escribir con palabras arcaicas y anticuadas es uno de los vicios que más afecta a la comunicación en las entidades.

El paradigma de los arcaísmos consiste en creer que escribir con un lenguaje jurásico, y «fosílico», es escribir bien. Aunque no le entiendan nada. Pero que le crean por su formalismo clásico y rígido.

Quien escribe en una entidad, debe enfocarse en los resultados. En la efectividad. En el impacto para el negocio. No en tratar de lucirse con una retórica grandilocuente.

Hasta los jóvenes de veinticinco años padecen este vicio y, por acudir a ese lenguaje arcaico, pasan por prepotentes. No porque lo sean, sino porque el «tono» empleado con los arcaísmos suena un tanto arrogante.

Están sumergidos en una cultura en la que todos piensan que escribir bien es usar ese lenguaje obsoleto y que si no lo utilizan, los podrán tildar de poco formales y hasta de «irrespetuosos».

Quienes trabajan en las entidades, traen el paradigma desde las aulas del colegio y la universidad. Escriben así porque así escribían algunos de sus profesores y los profesores de sus profesores, durante generaciones.

Y porque algunos de sus importantes jefes y compañeros todavía escriben así.

Un asunto cultural

El asunto es generacional. Cultural. Para transformar las culturas empresariales de la comunicación escrita debemos cambiar el lenguaje de sus textos. Y para cambiar estos, es necesario crear primero conciencia sobre la necesidad de hacerlo.

Un desafío casi que quijotesco. Pero después de estos años de lucha con el tema, ahora son muchos más los que están dispuestos a seguir en la batalla contra los molinos de viento gigantes que amenazan la fluidez de la comunicación.

Ya hemos avanzado bastante. Pero falta mucho más. En la era del Facebook, del chat y de la comunicación electrónica, no podemos continuar con saludos empresariales pesados y enmohecidos.

Las frases acartonadas de «cordialmente me dirijo a usted...», «de acuerdo con la pasada reunión» o «le reiteramos nuestra irresoluta voluntad de servicio...», no tienen nada que ver con la mentalidad de las nuevas generaciones.

Jóvenes ejecutivos que vienen con todo el impulso, escriben con rapidez alarmante, a la velocidad del pensamiento y utilizan en el chat palabras abreviadas como «kiubo», «psbn» y muchas más.

Obvio que tampoco se trata de escribirle así al jefe. ¡Ni más faltaba! Pero es necesaria la innovación urgente del lenguaje empresarial.

O existirá una cada vez peor incongruencia del lenguaje arcaico con la herramienta veloz de la intranet empresarial.

Los medios de comunicación virtuales de la empresa, y del mundo entero, exigen sencillez, claridad, brevedad y modernidad. Para eso fueron diseñados, para facilitar, no para entorpecer o dificultar los procesos con un lenguaje anticuado y reforzado.

Minimalismo puro

Si a la arquitectura, al diseño de interiores, al diseño de modas, a la publicidad y a todas las formas de la comunicación se les aplica hoy la tendencia del minimalismo, con el lema de «menos es más», ¿por qué no comenzamos a aplicarla también a la comunicación escrita?

Los jóvenes ejecutivos, abogados, ingenieros, economistas, administradores de empresas, contadores, médicos, arquitectos, deben pasar de los textos vestidos como «de corbatín», a los textos libres, frescos, actuales, sencillos.

Pasar a los textos como vestidos «de corbata» verde ácida y moderna. Consecuentes con los tiempos.

¡Por favor!, arcaísmos como «evidentemente», «en efecto» o «cabe aclarar», ¡no caben! en la redacción virtual de hoy.

Hay que remodelar la redacción. Pasar del rococó y el barroco de los textos, a la simplicidad del *loft* (sencillez) en la comunicación escrita. Aunque nos duela, sacar de nuestro glosario diario el baúl lleno de palabras viejas.

Es urgente pasar de lo recargado a lo sencillo. Entrar en la dimensión de la simplicidad en la redacción. Por el bien de la claridad y de la fluidez.

El Helm Bank, antes Banco de Crédito, es un modelo ejemplar en este asunto. Incluso en su nueva imagen, en Colombia, utiliza este lema encantador: ¡El valor de lo simple!

En esta entidad, capacito profesionales en la competencia de la comunicación —escrita y oral—, desde hace cinco años. En varias vicepresidencias y con once promociones de Helm University, para nuevos gerentes.

La nueva imagen y el lema del Helm Bank en Colombia es cada vez más consecuente con su comunicación escrita. Sencilla, moderna, clara y de alto impacto.

Allí, y en todos los escenarios empresariales y académicos enseño que, en sentido figurado, debemos pasar de lo «jurásico» a lo «tcherássico».

Es decir, del estilo como con «corpiño» anticuado y rígido de los textos, a los que yo llamo de tendencia Tcherassi: sin costuras fruncidas, libre, como para una pasarela en Milán, como homenaje a la famosa diseñadora colombiana Silvia Tcherassi.

Es el arte de escribir con fluidez. Puro *flow* (flujo). Simple, fácil y sencillo. Se puede describir con una onomatopeya divertida: ¡zas!

El concepto de *flow* en castellano se traduce como «fluir» o «flujo». En psicología, lo ha desarrollado el Mihaly Csikszentmihalyi. Y lo define como «un estado en el que la persona se encuentra completamente absorta».

Una actividad para su propio placer y disfrute, durante la cual el tiempo vuela y las acciones, pensamientos y movimientos se suceden unos a otros sin pausa.

Todo el ser está involucrado en esa actividad. La persona utiliza sus destrezas y habilidades llevándolas hasta el extremo. Se dice que alguien está en o tiene *flow* cuando se encuentra completamente absorbido por una actividad durante la cual pierde la noción del tiempo y experimenta una enorme satisfacción.

EJEMPLO

No diga:

Cordialmente me dirijo a usted para solicitarle el favor de servirse enviar al área de crédito financiero los documentos pertinentes a la reunión celebrada en días pasados en el recinto de la presidencia del banco.

Diga:

Para agilizar el proceso de crédito financiero, solicito enviar a nuestra oficina los documentos sobre la reunión en la presidencia.

Segundo vicio: Exceso de gerundios

Los gerundios son la forma verbal terminada en «ando», «endo». Una de las más abusadas en los textos. Por el mismo paradigma de pensar que escribir bien es utilizar un lenguaje anticuado, muy formal.

Un ejecutivo prefiere decir: «Una entidad que ha venido realizando» a «una entidad que realiza», o «una entidad que realizó», porque le parece que el presente normal y sencillo no es suficiente.

El gerundio no es malo. Hay frases en las que debe ir porque son en presente continuo. El problema es el abuso. Es tratar de decir todas las acciones como «gerundiando».

Con los vicios de la redacción, sucede lo mismo que con todas las adicciones. El café no es malo. El problema es el exceso. Y lo mismo sucede con el vino, las harinas y el dulce.

El exceso de gerundios es un vicio muy generalizado en la redacción empresarial. Es demasiado frecuente encontrarse con párrafos plagados de «gerunditis» como, por ejemplo:

«Teni*endo* en cuenta lo anterior, le confirmamos que nuestra empresa está construy*endo* una cultura de cambio, que le permita ir gener*ando* un mejoramiento continuo, concibi*endo* así un crecimiento que le lleve a seguir transform*ando* a sus profesionales».

¿Cuándo se usan los gerundios?

Para saber si las terminaciones ando y endo están bien usadas, es clave una pregunta acerca del sujeto.

EJEMPLO

El presidente llegó corriendo.
La pregunta es: ¿Cómo llegó el presidente? La respuesta es: Corriendo.
En ese caso está bien empleado el gerundio.

Otra clave para evitar confusiones es escribir el gerundio lo más cerca posible al sujeto. Es diferente decir: «Vi al gerente escribiendo», que «escribiendo vi al gerente». En este último caso, parece que fuera yo quien estaba escribiendo, no el gerente.

Pero el principal vicio del gerundio es repetirlo en exceso en un mismo párrafo.

EJEMPLO

El director del área llegó corriendo, hasta que se miró las manos sonr*iendo*, como si estuviera mir*ando* una cascada brot*ando* agua, gener*ando* así un ambiente de armonía y proyect*ándose* como una persona siempre amable.

Los gerundios no se deben erradicar por completo por temor, pero tampoco se puede abusar de ellos, «cre*yendo* que exager*ando* estaremos encontr*ando* una forma de escribir adorn*ando* más el texto, lo cual va, más bien, empobreci*éndolo* y acab*ándolo*».

EJEMPLOS DE GERUNDIOS MAL EMPLEADOS

- Llegó a la reunión sent*ándose*.

  Porque la acción de llegar y la de sentarse no se pueden dar en forma simultánea. ¡Y ese no es un modo de llegar a ningún lado!

  Es correcto: «Llegó y se sentó» o «Llegó, se sentó y dijo...»

- El banco nació en Bogotá, Colombia, si*endo* hijo de una de las entidades más prestigiosas de Suiza.

  Porque nada nace ya «si*endo*» hijo, ¡es una extraña manera de nacer!

  Es correcto: «Nació en Bogotá, Colombia. Es hijo de una de las entidades...»

- Un archivo conteni*endo*.

  Viene del galicismo «une bote contenaint».

  La mejor forma en español sería: «Un archivo que contiene» o mejor: «un archivo con...»

- Vi un departamento creci*endo* bien.

  Está mal empleado, porque el gerundio en español no expresa cualidades.

  Además, por temporalidad, no es posible quedarse todo el tiempo para ver un departamento mientras crece.

  Es mejor decir: «Un departamento creciente...» o «Un departamento que crece...»

- El avión se estrelló si*endo* encontrado... el agresor huyó si*endo* detenido.

  La acción que indica el gerundio no puede ser posterior a la del verbo principal.

  Es correcto: «El avión se estrelló y fue encontrado» o «El agresor huyó y fue detenido».

Tercer vicio: Terminaciones en «mente»

Otro vicio muy común es el exceso de las terminaciones en «*mente*». Se considera abuso, cuando:

- Se repiten: cordialmente, generalmente, básicamente, respectivamente... en el mismo párrafo.

- Cuando su uso se nota compulsivo, durante todo el documento. Inicia una frase con comedida*mente*, continúa con evidente*mente* y termina con atenta*mente*. Mejor dicho, un texto de... *mente*.

EJEMPLO 1

No diga:

Cordial*mente* me dirijo a usted para solicitarle su atención a esta petición que repetida*mente* le he enviado, pero que real*mente* no ha tenido éxito hasta la fecha. Cordial*mente*... firma.

Diga:

Solicito su atención a esta petición. La he enviado varias veces, pero no he obtenido respuesta.

EJEMPLO 2

No diga:

Me dirijo a usted atenta*mente*, para informarle acerca del «Taller de redacción», para aprender la forma como se escribe correcta*mente* y así alcanzar mayores logros diaria*mente* en la empresa.

Diga:

Un taller de redacción para aprender la forma correcta de escribir y así alcanzar mayores logros diarios en la empresa.

EJEMPLO 3

No diga:

El crédito inicial*mente* eliminó el saldo diferido de los consumos adecuados el 30 de mayo, como se indicó anterior*mente*. Adicional*mente*, el consumo nuevo realizado...

Diga:

El crédito eliminó el saldo diferido de los consumos adecuados el 30 de mayo, tal como se indicó.

Además, el consumo nuevo realizado...

EJEMPLO 4

No diga:

Así mismo, le ratificamos lo expuesto en nuestra comunicación de junio 17, en la cual le manifestamos que para realizar la transacción en forma efectiva, necesaria*mente* hubo presencia de la tarjeta y técnica*mente* identificación de la banda magnética y de la clave ingresada por el usuario.

Diga:

Para realizar la transacción en forma efectiva, se utilizó la tarjeta con la identificación técnica de la banda magnética y de la clave ingresada por el usuario.

Cuarto vicio: Queísmo: abuso del «que»

El *que* empleado en exceso es otro de los vicios más frecuentes en la redacción. Se detecta aun en los mejores redactores empresariales.

EJEMPLO 1

No diga:

En el caso *que* nos ocupa, creemos *que* la empresa debe cancelar la totalidad de la deuda al cliente, puesto *que* entendemos la situación y sabemos *que* le asiste la razón, pero *que*, sin embargo, no fue en forma intencional, sino involuntaria.

Diga:

La empresa debe cancelar la totalidad de la deuda al cliente. Entendemos la situación y le damos la razón. Sin embargo, la falla no fue intencional, sino involuntaria.

EJEMPLO 2

No diga:

> Ofrecemos nuestras sinceras disculpas por los inconvenientes que le pudimos generar, las cuales esperamos sean aceptadas, ya que para nosotros es muy importante seguir contando con socios como usted, que nos generan tantas satisfacciones.

Diga:

> Le pedimos disculpas por los inconvenientes causados. Para nosotros es muy importante contar con socios como usted.

EJEMPLO 3

No diga:

> El doctor Mario Hernández dirige el área de capacitación, división de recursos humanos, *que* cuenta con un excelente sistema de entrenamiento pedagógico.
>
> Cabe la pregunta: ¿Quién cuenta con un excelente sistema pedagógico?
>
> - ¿El doctor Mario Hernández?
> - ¿El área de capacitación?
> - ¿La división de recursos humanos?

Diga:

> El área de capacitación de recursos humanos, bajo la dirección del doctor Mario Hernández, cuenta con excelentes programas.

EJEMPLO 4

No diga:

> El doctor Mario Hernández, *que* ha presentado el plan de desarrollo de la empresa.

Si prescindimos del *que*, dice lo mismo, pero más claro:

El doctor Mario Hernández, ha presentado el plan de desarrollo de la empresa.

Se emplea bien cuando se trata de una oración incisiva o secundaria:

El doctor Mario Hernández, *que* ha presentado el plan de desarrollo de la empresa, cuenta con un presupuesto suficiente para implementarlo.

La manera más sencilla y clara sería:

El doctor Mario Hernández ha presentado el plan de desarrollo de la empresa, con un presupuesto suficiente para implementarlo.

Quinto vicio: De que y «dequefobia»

Por décadas, los escritores utilizaron el «*de que*» para demostrar «*de que*» sabían expresarse bien. Pero sólo consiguieron el efecto contrario.

El abuso del «*de que*» llevó a la mayoría de los redactores a detestarlo.

Escritores de todos los niveles, edades y áreas en las corporaciones, sienten hoy rechazo absoluto cuando se les menciona la posibilidad de insertar un «*de que*» en sus textos.

A este fenómeno muy particular en la comunicación escrita lo llamaremos «dequefobia».

A la dificultad de escribir cada día se suma un problema más: no saber qué hacer con el de que. Ni con la dequefobia.

Durante los años sesenta se impuso en la redacción de libros, periódicos, discursos políticos y comunicaciones empresariales el «de que» como «moda» o tendencia en la redacción. Pero el abuso, como siempre, terminó por convertirse en vicio.

Fue por eso que los editores y correctores de los ochenta comenzaron a eliminarlo por completo.

Debido a ello, a partir de los noventa, se inició un rechazo total al uso del «*de que*». Esto terminó por generar un vicio peor: la «dequefobia»

Fue así como todos comenzaron a eliminarlo, aun en los casos en que sí era correcta su utilización.

Cuestión de equilibrio: Cuándo incluir el «de que»

Para saber cuándo utilizar un «*de que*», podemos plantearnos una pregunta clave que nos ayudará de inmediato a saber si va o no va en la frase.

Si la pregunta incluye el «de que» y la respuesta también, ese «de que» es correcto. Puede emplearlo... ¡aunque le aterre!

Es importante también empezar a detectar su propia «dequefobia» y controlarla. Porque en algunos casos, cuando debería ir el «de que», lo eliminamos o lo evadimos. Dejamos sólo el «que», y quitamos el «de».

Pero como en muchas frases el «de» es la preposición inseparable, el asunto empeora. Queda el «que» como en un baile suelto, sin ton ni son.

Mi propuesta es acudir al equilibrio. Para conseguirlo, es importante entender bien cuándo sí y cuándo no emplear el «de que».

Pero si en definitiva no sabe, ni después de aplicar la pregunta clave, entonces lo mejor es acudir a la antigua y sabia máxima para buenos redactores, recomendada por los expertos, como Martín Vivaldi: «En la duda, abstente».

EJEMPLO 1

«Estoy seguro *de que* fue cancelada la deuda...»
La pregunta clave es: «¿*De qué* estoy seguro?»
La respuesta es: «*de que* fue cancelada la deuda».

Si la pregunta y la respuesta incluyen el «de que», como en este caso, es correcto. Aunque padezca la «alergia» de la común «dequefobia».

Piense en esto: Usted no se pregunta: «¿Qué estoy seguro?», sino «¿De qué estoy seguro?»

EJEMPLO 2

«Se trata *de que* introduzca su clave en el momento adecuado...»

La pregunta clave es: «¿*De qué* se trata...?»

La respuesta es: «*de que* introduzca su clave en el momento adecuado».

Si la pregunta y la respuesta incluyen el «de que», como en este caso, el «de que» es correcto.

También puede saber si es correcto, al mirar la palabra anterior. Si es un sustantivo, el *de que* puede emplearse y *no* hay error.

EJEMPLO 3

Esta es la cuenta *de que* le había hablado.

El sustantivo es la cuenta. Si elimino el *de que*, sería:

Esta es la cuenta *que* le había hablado.

Parece que la cuenta ¡habló! Por consiguiente, *no* se puede eliminar el de que. Aunque en este caso la gente, por «dequefobia» diga: «Esta es la cuenta *de la cual* le había hablado». O «esta es la cuenta *que* le mencioné».

EJEMPLO 4

La gerencia tiene la certeza *de que* fue una estrategia adecuada.

Los convenció con el argumento *de que* era un experto en el tema financiero.

Abrigo la esperanza *de que* mi hermano llegue antes de Navidad.

Si eliminamos el «de» en algunas frases, en las que el «de que» es correcto, entonces quedarían incorrectas:

El hecho *que* no haya pagado este mes, no significa que sea un mal cliente.

La noticia *que* bajaron los intereses, no llegó.

La gerencia tiene la certeza *que* fue una estrategia adecuada.

Los convenció con el argumento *que* era un experto en el tema financiero.

EJEMPLO 5

No diga:

Entendemos *de que* usted no se encuentra muy bien de salud.

Diga:

Entendemos que usted no se encuentra muy bien de salud.

EJEMPLO 6

No diga:

Le ordenó *de que* se abstuviera de implementar el programa en ese computador.

Diga:

Le ordenó abstenerse de implementar el programa en el computador.

Le ordenó que se abstuviera de implementar el programa en el computador.

EJEMPLO 7

No diga:

El 7 de julio de 2009 se efectuó el trámite correspondiente para aplicar los ajustes de crédito necesarios, con el fin *de que* la deuda de su tarjeta de crédito quedara en cero *ya que* con el último pago, la deuda de su tarjeta quedaba al día.

Diga:

El 7 de julio de 2009 se efectuó el trámite con los ajustes de crédito necesarios *para* dejar la deuda en cero. Con el último pago, su tarjeta quedaba al día.

Sexto vicio: Seísmo

Es el vicio de repetir el vocablo *se* en un párrafo. Genera un tono un poco raro en el mensaje. Parece como si fuera un militar: «Se perciben anomalías, señor»; una profesora rígida: «Se tiene que hacer la tarea»; o un emprendedor vendedor paisa que a todo responde: «Se le tiene...»
Muchos de los textos empresariales comienzan y terminan con un «seísmo» afanoso.

EJEMPLO

No diga:

Se percibe una alta recuperación de las ganancias en el mercado, y de esta manera *se* pueden elevar los beneficios que *se* tienen previstos para el año 2015 y *se* alcanzarán a homologar los niveles de rentabilidad que *se* tienen proyectados para el próximo año.

Diga:

La alta recuperación de las ganancias en el mercado, puede elevar los beneficios previstos para el año 2015. Los niveles de rentabilidad proyectados para el próximo año serán homologados.

Séptimo vicio: Deísmo

El «deísmo» consiste en repetir la preposición «de» en todas las frases. Parece que el escritor empresarial no se da cuenta de todas las veces que lo aplica, como si le pasara inadvertido.

Pero al tomar el «Taller de expresión escrita», parece como si se efectuara una cirugía láser de miopía: al salir de la sala de operación, puede ver todo con exactitud y advierte hasta el más mínimo detalle.

EJEMPLO

No diga:

> El avance acelerado *de* los precios *de* los productos, *de*muestra la calidad *de* cada uno *de* ellos y *de*ja ver el interés *de* nuestra entidad por presentar, *de* todo su catálogo, lo mejor *de* lo mejor.

Diga:

> El avance exitoso muestra la excelente calidad de nuestros productos. También permite ver lo mejor del catálogo empresarial.

Octavo vicio: «Yotacismo»

Yotacismo es el uso exagerado de la letra «y» en un texto. Este también es uno de los vicios más usuales en los párrafos y documentos corporativos.

El yotacismo trae consigo otros vicios iguales o peores, como el de los párrafos demasiado largos y... confusos, el enredo de las ideas y... la falta de precisión y... claridad y...

La falta de puntuación es la causante número uno del «yotacismo». Porque las personas le temen al punto seguido. Quieren continuar y continuar y continuar. No saben cómo concretar sus ideas.

EJEMPLO

No diga:

> El banco es una entidad líder *y* confiable, *y* en los últimos años ha desarrollado los procesos de cambio *y* transformación *y* mejoramiento continuo *y* permanente, que demuestran la calidad de nuestros servicios *y* el desarrollo de los profesionales de la entidad *y* sus filiales.

Diga:

> El banco es una entidad líder. En los últimos años ha desarrollado procesos de mejoramiento continuo que demuestran la calidad de sus servicios.

Noveno vicio: Cacofonía

Cacofonía (del griego *cacos*, que significa feo, y *fonos*, sonido).

Es la repetición desagradable de sonidos iguales o semejantes. Las cacofonías surgen por el vicio de escribir palabras que no armonizan al unirse. Denotan la pereza del redactor. El poco interés por la excelencia y por guardar la belleza del lenguaje.

EJEMPLO 1

No diga:

Han habido grandes cantidades.

Diga:

Ha habido grandes cantidades.

Han existido grandes cantidades.

El error común está en no saber que el verbo «haber» es unipersonal.

No se puede concordar con el sustantivo que está en plural —en este caso: «grandes cantidades»—, por lo tanto se dice: Ha habido grandes cantidades. Y no, han habido.

EJEMPLO 2

No diga:

Una hamaca *café, cálida* y hermosa...

Diga:

Una hamaca marrón, cálida y hermosa...

Un chinchorro sepia, cálido y hermoso...

EJEMPLO 3

No diga:

Un *cheque chequeado* en el banco por sus irregularidades.

Diga:

Un *cheque revisado* en el banco por sus irregularidades.

EJEMPLO 4

No diga:

Debido a un error en la *inclusión de la información* al sistema, se efectuó su *exclusión* del boletín.

Diga:

Debido a un error de información en el sistema, se excluyó del boletín.

EJEMPLO 5

No diga:

En aten*ción* a su solicitud presentada en nuestra oficina, nos permitimos detallarle el movimiento de su tarjeta para la factura*ción* de octubre de 2009, sin tener en cuenta el pago aplicado erradamente a su tarjeta para su respectiva verifica*ción*.

Diga:

Con gusto le detallamos el movimiento de su tarjeta durante el mes de octubre de 2009. Verificaremos el error del pago aplicado.

EJEMPLO 6

No diga:

...que correspon*de* al *débito de* los intereses *de* la reversión *de pago*, ya que el *pago* inicial*mente había abonado* a la diferencia pendi*ente* por cancelar *del pago* mínimo facturado el 30 de noviembre y al saldo diferido *de* los consumos más antiguos *de* la siguiente manera...

Diga:

Presenta el débito por los intereses que corresponden a la reversión del pago. Abonó a la diferencia pendiente del mínimo facturado el 30 de noviembre y al saldo diferido de los consumos más antiguos, así...

Décimo vicio: Monotonía

Este vicio consiste en la repetición insistente, plana, pobre y aburrida de las mismas palabras en un párrafo o documento.

Es la rutina de las palabras. Denota pobreza del vocabulario, conformismo y mediocridad en el redactor.

EJEMPLO 1

No diga:

Colombia, un país *de* grandes riquezas, *de* mujeres bellas, *de* imponentes paisajes, *de* hermosas esmeraldas, *del* mejor café *del* mundo...

Diga:

Colombia, país de grandes riquezas, mujeres bellas, imponentes paisajes, hermosas esmeraldas y el mejor café del mundo...

EJEMPLO 2

No diga:

Teniendo en *cuenta* lo anterior, los pagos ingresaron correcta**mente** a sus estados de *cuenta* en referencia, por lo cual el saldo que *tiene* a la fecha es real y le corresponde.

Diga:

Los pagos ingresaron en forma correcta a sus estados de cuenta en referencia. Por ello el saldo confirmado a la fecha es real y le corresponde.

EJEMPLO 3

No diga:

Es importante *mencionar que* los ajustes *de* crédito antes *menciona-dos* aplicaron el 4 de marzo, ántes *de que* ingresara el *pago* realizado *por* usted, *por* la suma de $800,000, razón *por* la cual inicial*mente* cubrieron el *pago* mínimo, correspond*iente* a intereses corri*entes* y capital facturado y con lo restante el sistema abonó parcial*mente*.

Adicional*mente*, al ingresar el pago de $800,000, debido a *que* el *pago* mínimo ya estaba cubierto, el sistema adicionó *dicha* suma al documento número... bajo el descriptivo..., ocasion*ando que* el capital facturado para *dicho* documento, en marzo disminuyera de $... a $... reflej*ándose* en su extracto así:

Diga:

Los ajustes de crédito mencionados aplicaron el 4 de marzo, antes de ingresar su pago de $800,000. Por esta razón, se cubrió primero el pago mínimo, correspondiente a intereses corrientes y capital facturado. Con el resto, el sistema elaboró un abono parcial.

Además, al ingresar los $800,000, el pago mínimo ya aparecía cubierto. Por eso el sistema adicionó dicha suma al documento número... bajo el descriptivo... Además, el capital facturado en marzo disminuyó de $... a $... Se refleja en su extracto así:

EJEMPLO 4

No diga:

Por otra parte, le informamos que el cobro doblemente facturado de... por valor de... y ... facturados en mayo, corresponde a la cuota de la póliza del mes de abril y mayo respectivamente, debido a que en abril no se facturaron, ya que la tarjeta se encontraba bloqueada por mora.

Diga:

El cobro de... con doble factura por valor de $... y $... de mayo, corresponde a la cuota de la póliza de los meses de abril y mayo. En abril no figura porque la tarjeta se encontraba bloqueada por mora.

Décimo primer vicio: Neologismos, barbarismos y esnobismos

Neologismo

Neologismo es toda palabra o concepto nuevo que ingresa al mundo ejecutivo, empresarial, procedente de otro idioma. Como son: *coaching* [entrenamiento], *management* [gerencia], *core business* [competencia básica], *lap top* [computadora portátil], *subject* [asunto o tema], *brochure* [folleto], *branding* [marcaje], *benchmarking* [proceso evaluativo comparativo], *reingeniering* [reingeniería]...

Barbarismo

El barbarismo es un vicio contra la propiedad del lenguaje que consiste en la aceptación de palabras extrañas en el idioma propio. Proviene del griego «bárbaro», que significa extranjero. Porque los griegos llamaban «bárbaros» a todos los extranjeros.

Consiste en terminar por pronunciar mal las palabras de un idioma extranjero, por su uso y abuso. Y las autoridades de la lengua, terminan por aceptarlas como propias.

Son las palabras tomadas de otros idiomas y aplicadas al español en forma inadecuada. Pueden ser:

• Anglicismos, del inglés.
• Galicismos, del francés.
• Germanismos, del alemán.
• Italianismos, del italiano.
• Americanismos, de Hispanoamérica.
• O de cualquier otro idioma y dialecto.

En la cultura empresarial se utilizan con frecuencia, ya que se lidia con un lenguaje especializado, cuyos avances tecnológicos adoptan términos de otros idiomas como el inglés, francés o alemán y los vocablos para indicarlos no existen aún en español. Por ello terminan por adoptarse como propios. Aunque a veces mal escritos o pronunciados.

EJEMPLOS:

- *Video beam* [Proyector de video multimedia]
- *D.V.D.* [Disco versátil digital]
- *Web mail*
- *Subject* [tema o asunto]
- *E-mail* [correo electrónico]
- *Forward* [reenviar]

Es usual escuchar decir a un par de ejecutivos, en el pasillo, cosas como: Por favor, «forwardéame» el correo. Quiere decir, reenvíamelo. O «dímelo en el subject», es decir, en el «asunto» del correo.

Así la cultura empresarial de hoy se mueve entre profesionales, hombres y mujeres, todos jóvenes, bellos, muy bien presentados —como para un «casting» publicitario de ejecutivos— que hablan todo el tiempo en «spanglish», entre español e inglés.

Esnobismos

Un esnobismo es una palabra dicha o escrita como moda o tendencia.

El paradigma es creerse más «in» si pronuncia los términos en otro idioma, aunque la palabra exista en el español.

EJEMPLOS:

- «Coffee break» en vez de «café o refrigerio»
- «Marketing» en vez de «mercadeo»

No podemos admitir en Colombia, la tierra del café más rico del mundo, decir «coffee break». Porque si no tendríamos que decir: «John Valdez Coffee» y no «Café Juan Valdez».

Esta es una marca que nos da identidad, tradición y sentido de pertenencia. Como el mismo café. Por eso no la podemos «esnobizar».

Pero, la verdad, tampoco creo en el exagerado complejo tercermundista de no poder decir nada en inglés, para proteger la identidad.

En este caso, como en todos los anteriores, y en los que vendrán, creo sin lugar a dudas, que la clave más importante para que un ejecutivo alcance un buen uso del lenguaje cotidiano es el equilibrio.

En resumen, creo que los neologismos, en el ámbito empresarial en especial, no se pueden evitar.

Por eso, mientras no exista una palabra igual o parecida en el idioma con que se pueda pronunciar un concepto nuevo, que venga del inglés o de cualquier otro idioma, usted debe utilizarlo, sin problemas. Hasta puede alardear si quiere.

Pero lo que no puede admitirse, por nada del mundo, es el juego de los barbarismos y esnobismos que cambian las hermosas palabras del idioma español, por vocablos que en otro idioma no son tan bellos. El resultado es un desastre de la comunicación empresarial. Aquí no caben los alardes.

Décimo segundo vicio: Verbos empobrecedores

Los verbos empobrecedores son aquellos que le restan valor al texto por ser comunes y poco elegantes. Denotan la pereza mental del escritor y la pobreza de su estilo.

Por lo general, se pueden cambiar por otros más bellos que se ajustan más al sentido exacto de la frase. Pero el redactor no los emplea porque considera más fácil utilizar los que ya se sabe de memoria y trata de manera automática.

Con un poco de:

- disciplina mental
- espíritu de excelencia
- motivación adecuada

hasta los redactores más elementales lucirán elocuentes, gracias al esfuerzo de reemplazar estos verbos por aquellos que son sinónimos y que enriquecen y embellecen el estilo.

Se consideran verbos empobrecedores los más comunes. No porque sean pobres o feos en sí mismos, sino por el uso excesivo e inadecuado que se hace de ellos lo que termina empobreciendo el texto.

Entre ellos se encuentran:

- Poner
- Hacer
- Tener
- Coger

Cuando el lenguaje empresarial se vuelve rutinario y usa formatos preestablecidos tiende a emplear, con preocupante y fastidiosa frecuencia, esos verbos empobrecedores.

La invitación es a ejercitar el músculo intelectual que convierta en hábito positivo el uso de verbos ricos en expresión.

«Poner»

Basta con cambiar el verbo poner por otro verbo más bello y adecuado:

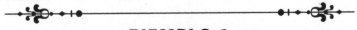

EJEMPLO 1

No diga:

Poner en orden las ideas.

Diga:

Ordenar las ideas.

EJEMPLO 2

No diga:

El banco *puso* en movimiento un nuevo sistema.

Diga:

El banco implementó un nuevo sistema.

EJEMPLO 3

No diga:

Poner la base de datos en el programa.

Diga:

Copiar la base de datos en el programa.

EJEMPLO 4

No diga:

Poner un mensaje en el correo electrónico.

Diga:

Enviar un mensaje por el correo electrónico.

EJEMPLO 5

No diga:

Poner el cobro en la factura correspondiente.

Diga:

Registrar el cobro en la factura correspondiente.

EJEMPLO 6

No diga:

No *ponga* el número de su clave en ningún lugar visible.

Diga:

No escriba el número de su clave en ningún lugar visible.

LA PREGUNTA CLAVE

Para saber cómo cambiar el verbo empobrecedor, por uno enriquecedor, la clave es —como en los anteriores vicios— una pregunta:

¿Cuál es la *acción* realizada?

El verbo es la acción del texto.

En el principio era el Verbo. Y en el Verbo está la vida, dice Juan 1.

Bueno, pero si el verbo es la vida del texto, si es tan importante para la calidad de la redacción, ¿por qué sólo aplicamos verbos empobrecedores a la redacción de todos los días?... Las personas que utilizan verbos enriquecedores conocen bien el secreto, saben bien que la vida del lenguaje se encuentra en los verbos más bellos.

Ellos son los que siempre se lucen cuando escriben y nadie sabe por qué, pero la clave está en la calidad de sus verbos.

En su profesión, oficio, área de trabajo, existen verbos especiales a los que puede acudir cuando escriba.

No se conforme con los verbos pobres: poner, coger, hacer, tener... Empiece a incluir los verbos más ricos: incluir, facilitar, maximizar, empoderar, mejorar... ¡y mil más!

No se imagina todo lo que su redacción subirá de nivel con los verbos enriquecedores y embellecedores. ¡Compruébelo!

ENTRE «PONER» Y «COLOCAR»:

Debo aclarar aquí que aunque el verbo «poner» se encuentra en mi lista de los considerados empobrecedores y viciosos, no creo que deba cambiarse en todos los casos por el verbo «colocar», que tanto se ha «colocado» de moda.

Estoy de acuerdo con Juan Gossaín, director de Radio Sucesos RCN y miembro correspondiente de la Academia Colombiana de la Lengua, en su posición acerca del verbo «poner».

Disfruté mucho su exquisita ponencia titulada: «De gallinas y verbos», presentada en el IV Congreso Internacional de la Lengua Española en la ciudad de Cartagena de Indias, Gossaín se declara abogado defensor del verbo «poner» frente a la amenaza del verbo «colocar».

Dice cosas tan buenas, que lo mejor es leer y disfrutar el texto de su genial presentación. Y me conecto con él completamente.

En mis talleres y capacitaciones he enseñado siempre que, aunque no se debe «poner» todo... tampoco podemos entrar en la «ponefobia».

No se trata de abolir el verbo «poner» por completo, para cambiarlo por «colocar». Hay muchos casos en los que sí se debe «colocar» el verbo «poner». Y otros en que se debe «poner» el verbo «colocar».

Digo, por ejemplo, que yo no me «coloco» brava... ni me «coloco» las botas, ni me «coloco» la fiesta de ruana...

En este caso, como en todos, mi propuesta es equilibrada. NO se trata de eliminar el verbo «poner». Pero tampoco de eliminarlo por completo, para entrar en la «colocamanía» de «colocarlo» todo.

OTROS SINÓNIMOS DE «PONER»

Existen otros verbos que se pueden «poner», en vez de ponerlo todo, como las gallinas.

EJEMPLOS:

Un correo electrónico... se *envía*... no se pone, ni se coloca.

El cobro en una factura... se *registra*... no se pone, ni se coloca.

La base de datos... se *copia*... no se pone, ni se coloca.

Las ideas... se *ordenan*... no se ponen en orden, ni se colocan en orden.

«Hacer»

EJEMPLO 1

Hacer una interesante carrera financiera.

Realizar una interesante carrera financiera.

EJEMPLO 2

Me han encargado *hacer* un informe del estado de su cuenta.

Me han encargado detallar un informe del estado de su cuenta.

EJEMPLO 3

Hacer un préstamo.

Efectuar un préstamo.

EJEMPLO 4

Hacer un artículo con respecto al derecho de petición radicado.

Redactar un artículo con respecto al derecho de petición radicado.

EJEMPLO 5

La entidad ha *hecho* avances en ese sentido.

La entidad ha avanzado en ese sentido.

EJEMPLO 6

Hacer un viaje para la inauguración de la nueva sede.

Viajar para la inauguración de la nueva sede.

EJEMPLO 7

Hacer honor a los principios y valores de la empresa.

Honrar los principios y valores de la empresa.

EJEMPLO 8

Hacer abstracción del tema en cuestión.

Abstraerse del tema en cuestión.

EJEMPLO 9

Me permito *hacer* una aclaración.

Me permito aclarar.

LA CLAVE DEL VERBO «HACER»

El verbo «hacer» se utiliza en forma correcta cuando se refiere a todo aquello que concierne a «hacer»: oficios, obras, productos, artesanías...

Como en «hacer galletas», «hacer arepas», «hacer un café», «hacer hamacas»... Pero antes de escribirlas, piense si existe un verbo más rico que lo reemplace. Por ejemplo; «preparar», «asar», «tejer»...

«Tener»

Otro que *tiene* que ser trabajado en los textos profesionales es el verbo «*tener*».

Desde «una entidad que *tiene* los mejores ejecutivos», «hemos *tenido* serios problemas», «el área tiene los informes de gestión claros», hasta «*teniendo* en cuenta lo anterior».

Casi todo se «tiene», o se «tiene que»... Tanto de posesión, como de obligación.

Con la mayor desprevención y el peor conformismo, los redactores empresariales se lo aplican a todo. No se dan cuenta que «tienen» a la mano verbos mucho más jugosos para aplicar a la frase.

Como profesionales de primer nivel, «tienen» que enriquecer sus textos. Sólo así «tendrán» mayores resultados y un más alto impacto.

EJEMPLO 1

No diga:

Por otra parte, *teniendo* en cuenta que el uso de la tarjeta es restringido y no cuenta con cupo suficiente, queremos pedirle que se acerque a nuestra sucursal.

Diga:

El uso de la tarjeta es restringido y no cuenta con cupo suficiente. Por eso queremos pedirle que se acerque a nuestra sucursal.

EJEMPLO 2

No diga:

Teniendo en cuenta lo anterior, los pagos realizados ingresaron correctamente a sus estados de cuenta, por lo cual el saldo que *tiene* a la fecha es real y le corresponde.

Diga:

Los pagos realizados ingresaron correctamente a sus estados de cuenta, por lo cual el saldo que aparece a la fecha es real y le corresponde.

EJEMPLO 3

No diga:

La empresa *tiene* una estrategia de mercadeo inteligente.

Diga:

La empresa cuenta con una estrategia de mercadeo inteligente.

EJEMPLO 4

No diga:

Usted *tiene* que acercarse a nuestra sede en la carrera séptima.

Diga:

Usted debe acercarse a nuestra sede en la carrera séptima.

EJEMPLO 5

No diga:

Este plan de pago *tiene* muchos beneficios.

Diga:

Este plan de pago ofrece muchos beneficios.

EJEMPLO 6

No diga:

Es importante aclarar que, debido a una situación especial del sistema, la cual estamos verificando, los avances realizados fueron autorizados *teniendo* en cuenta el cupo total de su tarjeta.

Para evitar ese tipo de situaciones, a continuación nos permitimos dar a conocer algunas de las medidas de seguridad que se deben **tener** en cuanto al uso de la tarjeta de crédito.

Diga:

Es importante aclarar que, debido a una situación especial del sistema, la cual estamos verificando, los avances realizados fueron autorizados con base en el cupo total de su tarjeta.

Para evitar ese tipo de situaciones, a continuación nos permitimos dar a conocer algunas de las medidas de seguridad en cuanto al uso de su tarjeta de crédito.

CLAVE PARA «TENER» EN CUENTA

El verbo tener se usa para expresar: a) posesión, b) obligación. En ambos casos, existen buenos sinónimos para reemplazarlo. En posesión: Poseer, obtener, adquirir, contar con... En obligación: Deber, necesitar...

En muchos casos, si prescindimos por completo del verbo, obtenemos el mismo resultado, con mejor redacción, como en el caso de: «Tener que frenar», por frenar; tener que decir, por decir; tener que omitir, por omitir.

Otros verbos empobrecedores y fáciles son: «Coger», en vez de adquirir, asir, agarrar, tomar... «Haber», en vez de existir, ser... «Estar», en vez de encontrarse, aparecer, figurar...

Décimo tercer vicio: Conectores como «muletillas»

Los conectores son aquellas palabras que, como su nombre lo indica, conectan una idea con otra.

Sirven para ayudar al redactor a mantener desenredada la madeja, el hilo conductor de su mensaje. El resultado es ilación y fluidez.

Son algo así como una especie de señalización que marca el camino.

Pero si se utilizan los conectores, deben ser adecuados y bien aplicados. Decir lo necesario para la conexión, y no otra cosa. De lo contrario, afean, enrarecen y confunden, en vez de aportar claridad al texto.

El vicio de los conectores «muletillas», es decir, mal empleados y empobrecedores, produce una gran contaminación en el ambiente de la comunicación empresarial.

Los conectores entorpecen la fluidez y en vez de «conectar», desvinculan los párrafos. Generan un estrés innecesario en el redactor empresarial. A tal punto, que la directora de una importante entidad del Estado en Colombia, me dijo al terminar la capacitación: «¡Gracias!... me quitaste la "gastritis" de los conectores».

El escritor empresarial utiliza los conectores porque la mayoría de la gente los emplea.

La única forma de salir, en medio del enredo de los párrafos largos, las terminaciones en «mente», la «gerunditis», el queísmo y todos los demás vicios, es con un conector.

El asunto se agrava si nos fijamos en que la mayoría de los conectores son arcaísmos como «en efecto» o «cabe aclarar». Y la verdad, ¡no cabe!... O «teniendo en cuenta lo anterior», que obliga a devolverse, en medio de la confusión.

Si elimina los conectores, el texto se verá mucho mejor. La ilación comenzará a fluir por sí sola. Porque para mí, los conectores son al texto lo que las muletillas a las presentaciones orales.

Del apego desmedido y compulsivo a los conectores, el escritor pasa al vicio de la «conectoritis» aguda. Es decir, ya no puede escribir nada sin «embutir» por lo menos cinco o seis conectores innecesarios y arcaicos.

La fluidez de la redacción empresarial, virtual y electrónica, debe liberarse del sobrepeso excesivo de los conectores.

Cuando en los talleres corporativos realizo el ejercicio de eliminarlos, los participantes entienden la dicha de deshacerse de conectores como: «en efecto», «adicionalmente» o «teniendo en cuenta lo anterior».

El resultado: las comunicaciones son más fáciles, fluidas y efectivas. ¡Y los comunicadores son felices!

Conectores arcaicos más comunes

- Teniendo en cuenta lo anterior...
- Adicionalmente...
- Es de mencionar...
- Con lo anterior, se concluye que...
- Como se puede observar...
- Por lo anterior...
- Vale la pena aclarar...

- Es importante aclarar...
- Es importante destacar...
- De igual manera...
- Cabe aclarar...
- De igual manera...
- Por otra parte...
- En efecto...
- Precisamente...
- No obstante...
- Evidentemente...

Por lo general, el vicio de los conectores incluye otro como el gerundio y las terminaciones en «mente». Como: «Teniendo en cuenta lo anterior» o «adicionalmente».

La clave: El conector sólo se debe emplear en caso de ser necesario. No puede convertirse en un rebuscamiento más del redactor para «adornar» con «arandelas» el texto.

Para saber si es necesario, hay que imaginarse el párrafo sin el conector, y si la frase dice lo mismo, se elimina.

Porque un conector debe ser eso: un conector. No un hilo suelto que dañe, desconecte o enrede su mensaje.

En la gran mayoría de los textos, los conectores sobran. Y lo que no sirve... ¡que no estorbe!

La recomendación no es cambiarlos por otros. Sino eliminarlos. Sólo así alcanzará la fluidez que tanto necesita en su comunicación escrita.

Pero si cree que en un momento del texto los necesita, por lo menos no utilice los más arcaicos.

Puede acudir a los más actuales, sencillos y, por supuesto, que no incluyan otros vicios como gerundios o terminaciones en «mente».

Utilice: Además, por eso, así, sin embargo...

No utilice: En efecto, adicionalmente, cabe aclarar, teniendo en cuenta lo anterior, no obstante...

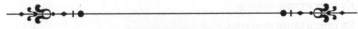

EJEMPLO 1

No diga:

Con el fin de no efectuar su pago mínimo, la reversión del pago mal abonado se difirió a doce meses, porque los consumos antiguos no presentaban saldo para la facturación de octubre de 2009. *Teniendo en cuenta lo anterior,* el saldo y los intereses que a la fecha presenta su tarjeta son correctos.

Diga:

Para efectuar el pago mínimo, la reversión del pago mal abonado se difirió a doce meses, porque los consumos antiguos no presentaban saldo para la facturación de octubre de 2009.

El saldo y los intereses que a la fecha presenta su tarjeta son correctos.

EJEMPLO 2

No diga:

Por otra parte, *teniendo en cuenta* que el uso de la clave es de estricta responsabilidad del titular de la tarjeta...

Diga:

El uso de la clave es de estricta responsabilidad del titular de la tarjeta.

EJEMPLO 3

No diga:

Es de aclarar que el cobro de los honorarios se efectúa sobre el pago mínimo adecuado.

Diga:

El cobro de los honorarios se efectúa sobre el pago mínimo adecuado.

EJEMPLO 4

No diga:

Es importante mencionar que los ajustes de crédito antes mencionados aplicaron el 4 de marzo de 2009.

Diga:

Los ajustes de crédito antes mencionados aplicaron el 4 de marzo de 2009.

Décimo cuarto vicio: Párrafos largos, ladrillos interminables

El vicio de los párrafos largos se suma a todos los anteriores. Es una peste en los textos corporativos.

El problema aquí es que las personas tienen miedo de parar. No saben aplicar el punto seguido y mucho menos el punto aparte.

Piensan que si aplican puntos, el texto queda «partido». Aquí debe quedar bien claro que el punto no parte sino que ayuda a la ilación.

Me preguntan: «¿Cuándo se considera largo un párrafo?» Mi respuesta es: «Más de cinco líneas, ya es largo».

La «métrica» de los párrafos debe medirse con un ritmo interior especial, casi que marcando el paso con el pie debajo de la mesa de su escritorio.

El ejercicio para marcar el ritmo en su mente es algo así: Cinco líneas, punto, *enter* baja. Tres líneas, punto, *enter*, baja. Cuatro líneas, punto, *enter* baja. Cinco líneas, punto, *enter*, baja...

Hasta que se convierta en un ritmo interior. Luego en fluidez. Y al final, en estilo personal.

Los párrafos muy extensos obedecen a la incapacidad del redactor de estructurar ideas concretas, claras, sencillas, pero breves, que cuenten con un hilo conductor central y se definan con una puntuación bien ubicada.

Aunque en el tema de puntuación tocaremos este asunto más a fondo, es necesario subrayar que el de los párrafos muy extensos, es un vicio demasiado común y uno de los principales enemigos de la claridad de la redacción.

Por lo general, los párrafos muy largos resultan cuando se unen dos o tres ideas paralelas en un solo «chorizo» interminable, que trata de fraccionarse pero no puede porque no se concreta ni redondea las ideas.

Este vicio denota enredo en las ideas, confusión y falta de claridad. Obliga al lector a devolverse una y otra vez para lograr entender lo que el redactor quiere decir.

Y empeora cuando se le añade el problema de las frases incisivas mal ubicadas, la mala organización de las frases y los cables que van hacia diferentes lados sin saber a ciencia cierta en dónde se deben conectar.

La clave

Para acortar los párrafos, lo primero que se necesita es concretar las ideas de manera simple, rítmica y sencilla. Una tras otra. Separadas por puntos seguidos o puntos y aparte.

Para ello, hay que vencer el miedo a la brevedad; a romper el paradigma de la redacción larga como signo de buena escritura. Eso está mandado a recoger.

Para alcanzar la claridad, armonía y belleza de sus textos virtuales, necesita frases breves y párrafos simplificados. Con gracia. Con ritmo. Con elegante y armoniosa brevedad.

EJEMPLO 1

Incorrecto:

En relación con los honorarios causados a favor de... y a su cargo, estos se efectuaron sobre el valor del abono realizado por usted y los mismos tienen su fundamento en disposiciones legales tal como la consagrada en el artículo 1629 del Código Civil, «los gastos que ocasionare el pago serán a cargo del deudor...», las cuales indican que en caso de cobro judicial o extrajudicial serán a cargo del deudor los honorarios de cobranza, los que serán exigibles por el solo hecho de trasladarse la cuenta respectiva para su cobranza a otra entidad o persona.

Correcto:

Los honorarios causados a favor de... y a su cargo, se efectuaron sobre el valor del abono que usted realizó.

Se fundamentan en disposiciones legales, como la consagrada en el artículo 1629 del Código Civil: «los gastos que ocasionare el pago serán a cargo del deudor».

En caso de cobro judicial o extrajudicial, los honorarios de cobranza estarán de cargo del deudor.

Serán exigibles por el solo hecho de trasladarse a otra entidad o persona la cuenta respectiva para su cobranza.

EJEMPLO 2

No diga:

La gestión de cobranza conlleva las diligencias necesarias para la recuperación de las obligaciones en mora, bien a través de una instancia extrajudicial en la cual el deudor por el requerimiento del acreedor voluntariamente atiende el pago de lo debido, o bien, a través de la instancia judicial, en la cual el deudor por requerimiento del juez debe atender el pago dentro del término que este le señale, de no hacerlo en esa oportunidad, con la venta en pública subasta de sus bienes. Tanto en un caso como en otro aparecen personas a quienes el deudor debe reconocerles una remuneración por la labor que desarrollan.

Diga:

La gestión de cobranza conlleva las diligencias necesarias para la recuperación de las obligaciones en mora.

A través de una instancia extrajudicial en la cual el deudor, por requerimiento del acreedor, atiende el pago de lo debido.

También, a través de la instancia judicial en la cual el deudor, por requerimiento del juez, debe atender el pago dentro del término que este le señale.

Si no lo hace en esa oportunidad, será con la venta en pública subasta de sus bienes. En ambos casos, el deudor debe reconocer la remuneración de algunas personas por su labor.

EJERCICIOS

Gerundios

Diga cuál de los siguientes gerundios son escritos en forma correcta o incorrecta. Si cree que está mal, escriba la forma precisa.

1. Decidí cancelar totalmente la cuenta pagando el saldo pendiente.

2. Se ha estudiado la situación de su tarjeta detallando los movimientos de su estado de cuenta en el banco.

3. La ley prohibiendo la incrementación de impuestos es de hace diez años.

4. Los índices de desnutrición aumentaron velozmente incrementándose la pobreza.

5. Sufrió una grave crisis, empeorando los resultados.

6. Facturando en julio de este año el extracto presentó la siguiente información.

7. Acabo de realizar los ajustes originando el pago mínimo a cancelar.

8. Agradecemos su atención, esperando haber aclarado todas sus inquietudes.

9. Se pasa el día escribiendo.

10. Estaba pagando la cuenta.

Terminaciones en «mente»

Revise las siguientes frases y escriba la forma correcta. Elimine las terminaciones en «mente» y cámbielas por otras más apropiadas.

1. En respuesta a su solicitud, le informamos que hemos analizado los casos A y B respectivamente, lo cual ha generado un cambio definitivamente sustancial en nuestra decisión.

---

2. Teniendo en cuenta que no ha activado su cuenta nos permitimos informarle que ha sido definitivamente cancelada. Adicionalmente le recordamos que el préstamo no ha sido totalmente cubierto. Cordialmente, la gerencia.

---

3. Teniendo en cuenta que la tarjeta fue bloqueada preventivamente debido a un error de la inclusión de la información en el sistema, se solicitó su exclusión del boletín de este mes. Adicionalmente realizaremos la devolución de la cuota de manejo en su próximo estado de cuenta. Cordialmente, la gerencia.

---

4. Precisamente, en el caso que nos ocupa, la gestión se inició por el incumplimiento de sus obligaciones dentro de los términos del contrato. De no adelantarse estas acciones, el deudor se verá beneficiado injustificadamente en detrimento de la entidad. Esperamos de esta manera haber atendido satisfactoriamente su solicitud. Cordialmente, coordinadora de operaciones de tarjetas.

---

5. Por otra parte, le informamos que el cobro doblemente facturado corresponde a la cuota de la póliza de los meses de abril y mayo respectivamente. Cordialmente, coordinadora de operaciones de tarjetas.

6. En atención a su solicitud, nos permitimos detallarle el movimiento de su tarjeta, sin tener en cuenta el pago aplicado erradamente a su tarjeta, para su respectiva verificación. Como se puede observar, el pago inicialmente había abonado a la diferencia. Cordialmente, coordinadora de operaciones de tarjeta.

Dequeísmo

Corrija las siguientes frases:

1. Me avisaron de que no habría reunión esta tarde.

2. Tengo la impresión de que va a llover.

3. Con gusto les informamos de que el precio del dólar bajó.

4. Le explicó de que no podría llevar a cabo esos cobros.

5. La capacidad económica del cliente es grande, a pesar de que tiene muchas deudas.

6. La noticia de que tendría un sobregiro le produjo un estrés severo.

7. Siguió comprando, a pesar de que se le avisó que no podría asumir más gastos.

8. La tarjeta de crédito es de estricta responsabilidad del titular, que desde el momento que recibe la clave debe comprometerse a observar las medidas de seguridad, a efecto de que no se dé a conocer a otras personas y que en el sobreflex enviado con la clave asignada se indica que debe ser memorizada y destruida una vez sea recibida, las compañías de seguro no tienen cobertura sobre este tipo de reclamaciones.

Cacofonías y monotonías

Escriba una frase con modos incorrectos de cacofonía y monotonía, respectivamente. Luego escriba los modos correctos de cada frase.

Cacofonía

Modo incorrecto

Modo correcto

Monotonía

Modo incorrecto

Modo correcto

Verbos empobrecedores

Escriba cinco frases con los verbos empobrecedores mencionados en el capítulo (poner, tener, hacer...).

_____

_____

_____

_____

Ahora escríbalas de nuevo, pero con verbos enriquecedores y adecuados.

_____

_____

_____

_____

_____

Párrafos muy largos

Escriba en un párrafo muy largo la descripción de sus actividades diarias.

_____

_____

_____

_____

Ahora hágalo en un párrafo breve y concreto.

_____

_____

_____

_____

CAPÍTULO 2

La preparación antes de escribir

- Cómo ordenar sus ideas
- El enfrentamiento a la pantalla en blanco
- El síndrome de pensar una cosa y escribir otra
- La entrada en reversa

Cuando usted quiere ordenar la casa, necesita sacar todo lo viejo, dañado, roto e inservible.

¡Prepárese! Vamos a remodelar su comunicación escrita. Hasta dejarla como nueva. De alto impacto.

LA PREPARACIÓN ANTES DE ESCRIBIR

Enfrentarse al temor de la pantalla en blanco antes de iniciar un texto en el computador genera un estrés desgastante. El informe que un gerente podría terminar en tres horas, se puede demorar tres días, ¡y hasta tres meses!

Cualquiera que sea el género o tema a tratar, casi siempre se sufre antes de comenzar a escribir. Porque cuando se trata de escribir, lo más difícil es comenzar. Por eso usted le da vueltas al tema, posterga el asunto y, como resultado, pierde efectividad en los procesos.

Esta frustración silenciosa es muy común entre las personas en las empresas, universidades y en aquellos lugares donde la comunicación escrita es parte de la cotidianidad. Es decir, casi todos.

¿Cómo empezar?

Con un montón de información y conocimiento del tema en la cabeza, es difícil saber por dónde y cómo comenzar.

Para vencer esa dificultad, es necesario aplicar unas claves sencillas antes de empezar a escribir. Porque «al que no sabe para dónde va, cualquier bus le sirve».

Si de verdad quiere escribir en poco tiempo y de manera efectiva, primero aplique la fórmula infalible para la disciplina de la redacción que me enseñó mi papá: «Para escribir, hay que sentarse a escribir».

Luego, concéntrese, concéntrese y concéntrese. No se levante de la silla. No permita interrupciones, no entre a leer los correos, ni el *chat*, ni reciba llamadas, hasta que cumpla mínimo una hora completa de ejercicio escrito.

Tome la firme determinación de no levantarse por un café, ni a conversar en el pasillo, hasta que no termine por lo menos su mapa de ideas y los cinco primeros párrafos.

Si lo consigue, el resto fluirá más fácil. Eso es autorregulación para redactar. Autocontrol del escritor. O, como diría Daniel Goleman: Inteligencia emocional pura.[1]

Y cuando termine, prémiese: tómese un café, o un vaso de agua fresca. ¡Se merece el premio!

Escriba lo que quiere decir y no otra cosa

Los que hemos sido editores y correctores de estilo sabemos que el síndrome más común padecido por quienes escriben es la desconexión entre lo que quieren decir y lo que escriben. Pensar una cosa y escribir otra.

Cuando corrijo un texto y no entiendo algo, le pregunto al autor: ¿qué quiere decir aquí?... y él o ella responde: «Lo que quiero decir es...» Y me explica algo muy sencillo y claro. Entonces le respondo: «Pues dígalo así, tal cual».

Debido a que desconocen una metodología adecuada para ordenar y redactar, dan muchas vueltas antes de iniciar, en una especie de rodeos en espiral. Es todo ese enredo de ideas el que produce una frustración diaria generalizada y no resuelta.

Ante esa realidad, me anima escuchar cuando en los talleres de capacitación corporativa pregunto uno a uno cuál es su expectativa y me responden: «Claridad», sin duda.

Queda claro: claridad es la necesidad número uno. Pero... ¿cómo conseguirla?

Redactar es, según su mejor aliado para enriquecer la escritura, el RAE —*Diccionario de la lengua española de la Real Academia Española*—: «expresar por escrito lo que se ha pensado previamente». Redactar viene del latín: «redactum» que quiere decir compilar. Y compilar es poner en orden y por escrito algo que sucedió, se acordó o se pensó con anterioridad.

Es llevar el pensamiento a la palabra escrita en forma ordenada. Es claridad, concreción, para transmitir las ideas con precisión, concisión y exactitud.

Es mucho más que leyes de ortografía o gramaticalismos rigurosos. Redactar es más bien cuestión de estilo propio para comunicarse por escrito. En eso estoy muy de acuerdo con el español Martín Vivaldi.[2]

Interiorización básica

El nivel más alto del aprendizaje es «desaprender». Por eso, para aprender a escribir con claridad es necesario desaprender los viejos esquemas de la redacción. Renunciar a lo jurásico, fosílico y arcaico. Vencer paradigmas.

Eso es posible si se interioriza de las siguientes siete verdades básicas:

1. Obtener el orden de las ideas no es una tarea imposible, ni muy encumbrada.
2. El estilo fluido no es una virtud exclusiva de los intelectuales.
3. Sólo requiere desarrollar el «músculo» natural de la concreción.
4. Para lograrlo, necesita reconocer primero sus vicios de redacción.
5. Luego, aplicar las claves para el desbloqueo.
6. Si se lo propone, alcanzará el cambio extremo de sus escritos. La «cirugía» estética de los párrafos, «antes y después».
7. Es cuestión de autorregulación de la comunicación escrita. No se conforme con el nivel que tiene. Usted *sí* es capaz de escribir con fluidez.

CINCO CLAVES INFALIBLES
PARA ORDENAR LAS IDEAS

Con estas claves de sencilla aplicación reducirá el tiempo de terminación de su texto. Ese informe que antes se demoraba tres meses en escribir, pasará a concluirlo en tres días. Incluso tres horas. ¡Y hasta menos! Aplique estas cinco claves infalibles y se convencerá por su propia cuenta de la diferencia.

Clave # 1: Defina el propósito de su texto

Nada bueno se puede redactar sin antes definir el propósito del texto. Esto es parte del pensamiento estratégico de los escritores más experimentados y eficaces.

No arranque a escribir como si fuera una tarea automatizada, sin previo análisis y ordenamiento.

No comience con la mente nublada o en blanco. Como a la deriva. A ver qué se le ocurre en el camino. O a ver qué frase «de cajón» copia de los anteriores escritos. Tampoco se admita la aburrida estandarización de sus textos, con frases «de cajón» como:

- «De acuerdo a la pasada reunión»...
- «Cordialmente me dirijo a usted para»...
- «De acuerdo a nuestra última conversación»...

Luego de esas frases «de cajón» poco originales, que todo el mundo dice y que parecieran estar escritas en moldes de piedra, como si fueran leyes de rigor, surgen un montón de párrafos enredados.

Al final, después de un largo y pesado «ladrillo» y en el último párrafo, aparece lo que quiere decir.

Con ese estilo aburrido, confuso y en espiral, su texto corre varios riesgos.

- Si alguien lo corrige, se lo devuelve hecho pedazos para que lo reconstruya.
- Usted intenta corregirlo pero ya no sabe cómo.
- De tanto darle vueltas al mismo texto, se siente embotado.

- Esto lo bloqueará aun más. Y no sólo el texto, sino también su autoestima, porque ya se siente un poco torpe e incapaz.
- Claro, cuando lo envía, el texto está tan pesado que nadie le quiere «meter el diente» y prefieren botarlo a la «basura». Al infame *trash* (basurero).
- O, en el mejor de los casos, lo dejan en espera en la fatídica lista de «para leer después». Igual terminará en el *trash*. Aunque un poco más tarde.
- Puede ser que se salten todo el texto y sólo lean ese último párrafo interesante. Porque ahí estaba lo que en realidad usted quería decir.

Porque el lector no es tonto, sino inteligente. Pero sobre todo, está muy ocupado. No tiene tiempo para leer enredos. Sabe bien que todo lo demás es —como decimos en Colombia— pura «carreta». Puro relleno. Por eso se va rápido hasta el final del escrito, para encontrar lo que quiere leer.

Preguntas definitivas

Para definir el propósito, antes de iniciar su redacción en el computador, escriba en una hoja de papel o en un documento separado, la respuesta a estas preguntas que son determinantes para impactar con su comunicación escrita:

1) ¿Qué quiero decir?   Tema o asunto. ¡Enfoque!
2) ¿Para qué lo quiero decir?   Propósito definido.
3) ¿Por qué lo quiero decir?   Motivación correcta.
4) ¿Qué quiero lograr?   Intencionalidad clara.

Clave # 2: Elabore su mapa de ideas: 1, 2, 3 y la «ñapa»

Uno de los más prestigiosos periodistas de Colombia, Yamid Amad, utiliza para una exitosa sección política del noticiero de TV-CM&, una de las claves más antiguas para el conteo de la efectividad: 1, 2, 3 y la ñapa.[3]

Se volvió muy famosa la sección, por la fórmula del 1, 2, 3 y la ñapa. Y claro, por la gracia de la presentadora Claudia Hoyos.

Siempre utilizo esa antigua «fórmula» prodigiosa como una de las claves para ordenar las ideas y desarrollar una comunicación escrita asertiva y persuasiva.

Esta pequeña clave de la concreción, terminará por darle un estilo más contundente.

Funciona bien con todo. Hasta con las esposas que quieren ser efectivas en la comunicación con sus maridos. Están cansadas de que les digan «loras mojadas».

Cuando aplican la clave del 1, 2, 3 y la ñapa, los esposos de las ejecutivas me envían mensajes de agradecimiento. Y los hijos también. Porque pasan de ser la esposa y mamá «cantaleta» a la comunicadora puntual y concreta. Dicen lo mismo, pero en una sola frase. Eso les resulta mucho más efectivo.

El mapa de la asertividad

Después de conseguir la concreción de las ideas, con un lenguaje más puntual, debe preguntarse entonces cómo definir cuál sería el # 1, cuál el # 2, cuál el # 3 y cuál la ñapa.

ESTE SERÁ ENTONCES SU MAPA DE ÉXITO PARA ENCONTRAR LA ASERTIVIDAD:

1. La necesidad del lector
2. El beneficio para el lector
3. El producto o la entidad
La ñapa: El valor agregado o plus.

1. La necesidad del lector. No la suya. Ni la de la empresa

Para entender cuál es esa necesidad, sólo trate de ponerse en los zapatos del lector. Piense en aquello que en realidad le interesa. Esto es pura **comunicación empática**.

Terminará por desarrollar una sensibilidad superior hacia el prójimo lector. Un megarradar, capaz de detectar intereses y satisfacer necesidades puntuales. Una capacidad mayor de acertar en el blanco. El efecto de todas sus propuestas escritas será: «¿Dónde le firmo?»

Es una lástima que todavía la gran mayoría de los escritores organizacionales desgasten su día a día en rodeos infructuosos y aburridos.

Con el ánimo de ser más claros y «contextualizar» al lector, se enfrascan en interminables párrafos sobre todo lo relacionado con la entidad: historia, ubicación, misión, visión, valores, cifras, filosofía de trabajo, cuadros, tortas, más tortas e indicadores.

Luego de todo ese ladrillo, es que pasan a decir: «Teniendo en cuenta lo anterior...» y ahí lanzan la frase que debían decir desde el puro comienzo.

Si somos sinceros, reconoceremos que todo ese texto corporativo, aunque a usted le parezca importante, no le interesa para nada al lector. O por lo menos, no es lo primero que quiere saber. Esa debería ser, si acaso, la ñapa.

El público lector de las empresas está compuesto por funcionarios muy ocupados, estresados, que manejan los hábitos de la gente altamente efectiva. Y uno de estos es administrar bien su tiempo. No intente robárselo con mensajes eternos.

ANTENA PARABÓLICA DE NECESIDADES

Si quiere detectar cuál es esa necesidad real del lector, pregúntese «para qué» quiere él ese informe, carta o propuesta. Allí está la clave. Por lo general, ese «para qué» es una acción, un verbo.

Por consiguiente, la forma efectiva de empezar una nota gerencial es:

- «Para *garantizar* la seguridad...»
- «Para *mejorar* la estructura...»
- «Para *facilitar* los procesos...»
- «Para *maximizar* los resultados...»

Note usted mismo la diferencia entre las frases anteriores, dirigidas a la necesidad del lector, con estas más egocéntricas:

- Nuestra entidad, consciente de la importancia de la seguridad, y en busca del mejoramiento continuo, ha creado un plan...
- Cada una de las áreas de la vicepresidencia cuenta con importantes programas de capacitación, que hemos organizado con esmero...

- Para alinear nuestros valores corporativos de respeto e integridad
  con los personales, según la misión y la visión de la entidad, los
  funcionarios deben verificar cada uno de los procesos de...
- Se deben verificar los errores para evitarle pérdidas innecesarias
  a la organización.

2. El beneficio: Después de demostrar su interés en la necesidad del lector,
ahora dígale los beneficios que obtendrá con el mensaje que usted le transmite. Así no lo perderá jamás. Nunca lo dejará de leer.

Dígale todo aquello que le sirve para obtener sus metas de oro. No lo
que usted quiere decir para demostrar que hace bien su oficio o que es el
que más sabe del tema.

Su actitud en la redacción debe ser de facilitador. No de sabelotodo
con lenguaje catedrático. Tampoco con tono impositivo. Sino sugerente.

Para eso, las viñetas son muy prácticas y puntuales. Línea tras línea.
Sin carreta ni basura. Textos limpios. Transparentes. Llenos de asuntos de
interés vital para el público lector. No existe una manera más eficaz de ser
persuasivo.

La redacción de hoy es virtual. Por eso exige un lenguaje mucho más
directo. Porque los textos para las herramientas Word, Excel o Power
Point, requieren mayor brevedad y precisión.

Son programas de comunicación diseñados para facilitar los procesos
de comunicación. Por eso no admiten textos pesados y largos.

Para esos escenarios virtuales de redacción, el recurso de las viñetas es
muy útil. Usted podrá escribir en viñetas cada uno de los beneficios.

De esa manera, el lector los podrá ver de una forma más clara y puntual dentro de su propuesta, informe, carta o correo electrónico. Y quedará no sólo bien informado, sino feliz.

3. El producto: ¡Ahora sí!... muestre el producto o solución.

Después de apuntar directo a la yugular de la necesidad y los beneficios, ahora sí, muestre todas las bondades de su producto. Puede ser un
informe de auditoría, un estudio de normas jurídicas, un balance financiero, una presentación de créditos, un estudio técnico de informática, un
análisis de cobros, un análisis de riesgos, el plan estratégico de la entidad,
una respuesta de servicio al cliente... o lo que sea.

Es como decirle al lector: Yo conozco su necesidad, y le tengo la solución. O, como diría un buen paisa: «¡Se le tiene!»

4. La ñapa: El valor agregado. En este punto usted se destacará por ir más allá de la simple tarea efectiva.

Después de haber mostrado todo el centro de su mensaje en forma concreta y precisa, le quedará espacio, tiempo y oportunidad para ofrecer la ñapa.

Así pasará de ser un funcionario más que sabe verificar y hacer bien la tarea que le piden, a ser un asesor con criterio, que da valor agregado. Irá más allá de la efectividad, pasará la línea y se convertirá en un consultor para la entidad.

Esto además le permitirá crecer como persona. Lo ascenderán pronto y lo escogerán para ser quien represente al área. O por lo menos, quien escriba los mensajes más importantes. Porque no sólo sabrá acertar: dar en el blanco, sino que será el más asertivo: que afirma y sabe decir sí o no, con criterio y contundencia. La ñapa es entonces el *plus* de cada una de sus comunicaciones escritas en la empresa.

EJEMPLO 1

Si se trata de un correo para el vicepresidente de gestión humana, donde usted propone una capacitación para los miembros de su equipo de trabajo, escriba en su mapa conceptual el 1, 2, 3 y la ñapa de las ideas, así:

1. El desarrollo profesional es determinante para la efectividad del equipo.
2. Los funcionarios serán más productivos si se capacitan.
3. Es necesario un proceso de formación especializado para mejorar el relacionamiento con los clientes.

EJEMPLO 2

Si más bien es una carta de respuesta a un cliente que se queja por el mal servicio de la entidad y reclama por una equivocación en la facturación, usted debe realizar su mapa conceptual así:

1. Reconocimiento y explicación del error.
2. Aclaración.
3. Justificación.
4. Disculpas por la equivocación e invitación a continuar como cliente fiel.

Como en la mayoría de los casos no alcanza el tiempo para escribir el mapa conceptual, el redactor efectivo debe adquirir la habilidad mental de elaborarlo en su memoria. Y «chulear» en su imaginación la lista de lo que ya ha dicho, así:

- Reconocimiento y explicación del error.
- Aclaración.
- Justificación.
- Disculpas por la equivocación e invitación a continuar como cliente fiel.

Clave # 3: La pirámide invertida

Esta es la clave por excelencia para ordenar las ideas y redactar en forma clara.

En los últimos años, he aportado este legado del periodismo a los textos empresariales. Y hemos visto culturas organizacionales transformadas en su forma de comunicarse.

Esto demuestra que la redacción no es sólo asunto de géneros. Es más cuestión de principios, aplicables a los diferentes géneros: claridad, precisión, concisión, brevedad, amenidad, son principios útiles en todos los géneros. Y el género de la redacción organizacional sí que los necesita con urgencia.

Las empresas informan todo el tiempo. Manejan medios de comunicación internos y externos. Pero no cuentan con métodos de comunicación escrita definidos para conseguir la transmisión fluida y asertiva de sus mensajes.

La clave de la pirámide invertida ha servido para darle un giro inteligente y efectivo a la forma de escribir en las principales entidades. También para facilitar una forma de pensar día a día menos complicada y rígida. Hasta convertirse en estilo. En cultura de fluidez.

Cuando aprendí esta clave de Daniel Samper Pizano, la guardé como una llave maestra para toda la vida. Él es un gran escritor a quien admiro, padre del periodismo investigativo en Colombia, miembro de la Academia Colombiana de la Lengua.

Por eso esta clave la enseño en mis talleres empresariales y universitarios de «Expresión Escrita Persuasiva» con éxito comprobado. Y con gusto le entrego a usted hoy esta herramienta, para toda la vida.

Funciona bien en los formatos de redacción virtual empresarial. Le servirá mucho para avanzar en su empeño hacia la claridad.

Luego, revisaremos otros métodos válidos, como el de los «hipertextos», para aplicarlos también a los géneros de redacción empresarial.

Los hipertextos son otra forma de ordenar las ideas, en los que cada uno de los conceptos se presentan como mapas de ideas conceptuales aislados, que al final conforman un todo sistémico.

El error de la pirámide común

Para entender mejor cómo se aplica la clave de la pirámide invertida, imagínese que inicia un texto —elíjalo usted— justo con la frase o párrafo que normalmente dejaría para el final.

No será fácil lograrlo. Le costará trabajo. Pero es un ejercicio que le cambiará todo el panorama de la comunicación escrita.

No es fácil pasar del sistema en *espiral* a la pirámide invertida. Cuando le duela el cambio, piense en la dicha de atrapar al lector desde el primer párrafo. Conseguirá respuestas sorprendentes. Inmediatas. Alto impacto en los resultados. Los suyos y los de la empresa.

Si no leen su texto hasta el final y lo abandonan antes de terminarlo, estará tranquilo porque sabrá que ya consiguió su propósito desde el primer contacto.

Sus lectores se sentirán felices y muy agradecidos, por decirles los asuntos importantes con claridad y sin titubeos. De una. Eso es tan fantástico, como ver cumplido un sueño que parecía casi imposible para los jefes.

El error del sistema de la pirámide común consiste en decir siempre lo menos relevante al comienzo, para llevar al lector en forma progresiva, poco a poco, hasta ubicarlo, como en cámara lenta, sobre lo más relevante. En la esencia, la sustancia, que siempre se deja para el final.

Está comprobado: con ese viejo sistema progresivo, lento, demorado, en espiral, nunca logrará su meta de persuadir. Y lo peor, perderá a sus lectores en el intento antes de lo previsto.

¿Cómo se invierte la pirámide?

Imagínese una pirámide normal. Trate de introducir el contenido de su informe, propuesta, carta o análisis empresarial allí. Ajustará sin problemas en ese esquema. Comienza en un pico alto y delgado de frases «de cajón», y termina en una base ancha, donde se encuentra lo importante.

Por lo general, las personas escriben en forma descendente, rutinaria y monótona. Inician por lo más pequeño y de poco impacto, luego continúan con mucha información y llevan con sigilo al lector, hasta la base de la pirámide, donde se concentra el verdadero asunto (figura 1).

Pero resulta que quien lo lea, como ya se sabe de memoria el procedimiento, no lee nada del comienzo. Pasa las primeras hojas de largo, con un vistazo a vuelo de pájaro. Va directo a las últimas páginas o párrafos, para buscar la verdadera sustancia del informe o carta. Sin perder tiempo. Todo lo demás lo omite.

Esta tendencia a escribir todos los textos gerenciales y organizacionales con la misma estructura del cuento literario que nos enseñaron en la primaria, es generalizada: introducción, nudo y desenlace.

Donde la introducción es larguísima, el nudo es un verdadero atolladero sin salida y el supuesto desenlace suele enredar más el hilo conductor del texto.

Pero si usted logra cambiar ese estilo pesado y retorcido de la pirámide descendente, encontrará que todo será más directo.

Con la pirámide invertida, llegará de una vez al valor agregado. ¡Zas!... De una vez. Sin rodeos. El resultado será una claridad contundente. El lector lo amará. Y usted quedará como un príncipe. O una princesa, según el género de quien escriba (figura 2).

Las características de los nuevos medios de comunicación organizacionales, virtuales y electrónicos, reclaman la innovación de sus estándares de redacción.

Esta renovación facultará más adelante, no sólo para utilizar la pirámide invertida, sino para salir incluso a nuevos formatos virtuales avanzados, que permitan aun la descomposición de los textos en unidades diversas, independientes pero armónicas (figura 3).

Figura 1: Pirámide común

Es un método muy común, pero poco efectivo y no muy práctico. De lo secundario a lo principal. Así escriben por lo general las personas en las empresas. Nada recomendable.

Producto.
Empresa.
Visión. Misión.
Justificación.
Historia. Cifras.
Tortas. Datos.
Recomendaciones.
Conclusiones.

Figura 2: Pirámide invertida

Es un método muy efectivo y práctico. De lo principal a lo secundario. Primero lo primero. En el primer párrafo, el lector quedará «atrapado» y convencido. Recomendable totalmente.

Ñapa: Valor agregado.
«Plus». Asesoría.

3. Necesidad
del lector (cliente)

2. Beneficios

1. Producto

Con este sistema de comunicación escrita, todos los intereses personales y empresariales pasan a ser tan solo el telón de fondo. En el centro de la escena siempre estarán los beneficios, necesidades y, al final, el producto en cuestión.

Figura 3: El sistema en espiral

Este común y pesado sistema de ordenar las ideas es el opuesto al de la pirámide invertida. La persona le da vueltas al tema sobre el mismo punto, sin saber a dónde va. Su estilo es espiral, es plano, da vueltas en forma indefinida alrededor de un punto y parece como si se alejara más de él en cada frase.

Los hipertextos

Hipertexto es un texto virtual que conduce a otro relacionado, en la pantalla del computador.

El hipertexto utiliza mucho los *hipervínculos* o referencias cruzadas automáticas que van a otros documentos.

Al seleccionar un hipervínculo, el computador muestra en forma inmediata un documento en enlace.

También existe el llamado *strechtext* (un hipertexto), con dos indicadores en la pantalla. El texto puede moverse de arriba hacia abajo y cambiar de tamaño en forma progresiva.

El hipertexto no se limita al texto. Contiene gráficos, ilustraciones, sonido o vídeos sobre el tema.

Al seguir el enlace, a través del «navegador», se puede «navegar» por la *web*.

El hipertexto sirve para diseñar y redactar textos en medios de comunicación virtuales. Pueden ser empresariales, periodísticos o de cualquier índole.

Clave # 4: Las cinco preguntas clave: «5W»

¿QUIÉN?	WHO?
¿QUÉ?	WHY?
¿CÓMO?	HOW?

¿CUÁNDO?   WHEN?
¿DÓNDE?   WHERE?

La clave de las «5W» es excelente para ordenar las ideas. También para que el lector quede bien informado desde las primeras líneas. Es muy utilizada en el género periodístico.

La he aplicado en los talleres empresariales y ha funcionado con mucho éxito en el ámbito del género de la redacción organizacional de informes, cartas, análisis o correos.

Este sistema consiste en responder a cinco preguntas básicas para que la información sea completa: quién, qué, cómo, cuándo y dónde. Se llama 5W porque en inglés las cinco preguntas se escriben con W: *Who, why, how, when, where.*

Es un método de comprobado éxito para entregar al lector toda la información que necesita, desde el primer párrafo.

EJEMPLO

Párrafo 1

(*¿Quién?*) El Banco Nacional, consciente de la necesidad de ampliar sus servicios, (*¿Qué?*) instalará una nueva tarjeta de crédito (*¿Cuándo?*) el próximo mes (*¿Cómo?*) con alcance (*¿Dónde?*) en todo el territorio colombiano.

Párrafo 2

La nueva tarjeta dorada, iniciará su funcionamiento en las principales ciudades del país: Bogotá, Medellín, Cali, Barranquilla y Bucaramanga. Más adelante se ampliará la cobertura. La meta es alcanzar todo el mapa nacional en diciembre de 2004.

Párrafo 3

La tarjeta dorada es un sistema de crédito para tarjetahabientes especiales, que permite amplios cupos y beneficios especiales. Contará con puntos de servicio especializados, en donde personal entrenado se encargará de un extraordinario servicio al cliente.

Párrafo 4

A lo largo de la historia financiera, las tarjetas doradas han sido un excelente instrumento para elevar el nivel de los clientes de las entidades bancarias más importantes del mundo. Nosotros no seremos la excepción.

Párrafo 5

Cordial saludo,
Rodolfo Benítez Holguín
Presidente
Banco Nacional

Para ordenar las ideas del tema que se va a redactar, es aconsejable elaborar siempre una estructura o formato, que permita al lector entender de dónde viene y para dónde va el redactor.

Esa estructura puede componerse de los tres aspectos básicos de la narrativa literaria (el cuento, la novela, la crónica...) así:

1. Introducción
2. Cuerpo (nudo)
3. Conclusión (desenlace)

La estructura tiene que ver más con la anatomía misma del texto que con el orden mental de las ideas.

Estas tres partes deben incluir sus respectivos elementos:

1. Introducción: Contiene las 5W. Debe enfatizar el punto clave de la necesidad del lector.
2. Cuerpo: Contiene los elementos explicativos del tema, que desglosará uno a uno en los párrafos centrales.
3. Conclusión: Contiene el remate final. Es el epílogo, donde se cae o se eleva toda la película. Es la moraleja para el lector.

Clave # 5: La entrada triunfal

El primer párrafo, el *lead*, o simplemente *la entrada*, es la primera parte de su escrito, las primeras líneas: la apertura.

Importancia:

- Las primeras líneas de un texto definen la calidad de lo que sigue.
- El párrafo de entrada garantiza el impacto del texto.
- El párrafo de entrada marca la diferencia de su escrito.
- Un buen párrafo de entrada atrapa al lector por la solapa y lo sienta a leer.
- Un mal párrafo de entrada acaba con un buen texto.

Defectos más comunes de las *entradas*:

- La *entrada* en reversa.
- Primero lo último.
- La falta de concreción.
- La falta de impulso.
- La entrada de ladrillo.

Elementos de una buena *entrada*:

- Frases breves y concretas.
- Buen tratamiento de la puntuación.
- Uso correcto de los verbos.
- Empleo correcto de los tiempos.
- Extensión adecuada.

Para tener en cuenta:

- Elimine frases como: «Por medio de la presente», «Atentamente me dirijo a usted para...», «Le saludo muy cordialmente...», «En atención a su pregunta...»

- Evite los rodeos interminables con antecedentes o explicaciones no necesarios.
- Vaya al punto.
- Enfóquese en la necesidad del lector o cliente.
- No se enfoque en sus éxitos, eso debe ir después, como respaldo.
- Entre siempre con frases que impacten.
- Entre con ideas inteligentes, que atraigan al lector o cliente.
- Sea impactante, pero amable; no agresivo.

EJEMPLO 1: CARTA

Tema: Nuevo sistema de comunicación con el cliente

No diga:

Por medio de la presente me dirijo a usted muy cordialmente, para informarle que nuestra entidad, preocupada por su falta de tiempo, ha comenzado un nuevo plan de contacto directo con los clientes, de tal manera que ya no tengan que sufrir con las largas filas en los bancos, sino que se puedan comunicar directamente con nosotros, lo cual le facilitará no sólo sus transacciones, sino que además le permitirá aprovechar mucho más su tiempo para las otras actividades que usted realiza, que para nosotros son sumamente importantes y valiosas, y no queremos entorpecerle su cotidianeidad, sino más bien ser facilitadores de la eficiencia de sus diligencias.

Teniendo en cuenta lo anterior...

Diga:

El manejo efectivo de su tiempo define el éxito de su empresa. Las largas filas en el banco, así como las aglomeraciones, le quitan muchas horas y le generan un estrés insoportable.

Para agilizar los procesos de comunicación, el Banco Nacional ha comenzado un nuevo plan de contacto directo con los clientes, que les facilitará sus transacciones.

El nuevo sistema se llama «X». Para el acceso a este nuevo modelo de comunicación con el cliente usted necesita solamente:

1.
2.
3.
Agradecemos...

EJEMPLO 2: CARTA

Tema: Solicitud de información por su estado de cuenta

No diga:

En atención a su solicitud radicada en nuestra agencia de Medellín, nos permitimos informarle que se aplicó a su estado de cuenta nota crédito por valor de $250,000.00 para reversar la facturación presentada con el documento N° 2340155 reflejado bajo el descriptivo *compañía financiera*, adicionalmente se abonaron los intereses de financiación causados sobre el mismo valor de $5,250.00.

Vale la pena aclarar que dichos ajustes se reflejan en su estado de cuenta del...

Diga:

Le informamos que su solicitud, radicada en nuestra agencia de Medellín, ha sido resuelta con éxito.

Se aplicó a su estado de cuenta nota crédito por valor de $250,000.00, para reversar la facturación presentada con el documento N° 2340155 que aparece bajo el descriptivo *compañía financiera*. Además, se abonaron los intereses de financiación causados sobre el mismo valor de $5,250.00.

CAPÍTULO 3

Desarrollo de las habilidades y destrezas del escritor ejecutivo

- *Cómo* desarrollar sus habilidades: empoderamiento de sus fortalezas y transformación de sus debilidades como escritor
- *Claves* para potenciar su conocimiento a través de una comunicación escrita clara, concreta, concisa y precisa

Estudiaremos las claves para potenciar su conocimiento a través de una comunicación escrita clara, concreta, concisa y precisa.

La experiencia en el empoderamiento de la competencia de la comunicación escrita de los profesionales en las empresas, día tras día, me demuestra que, entre todas las habilidades y destrezas necesarias para alcanzar un alto nivel de impacto, surgen diez como las más determinantes.

Las estudiaremos una por una, hasta internalizarlas como necesidad, desarrollarlas como habilidad y transformarlas en estilo personal.

LAS DIEZ HABILIDADES

1. Claridad
2. Precisión
3. Concisión
4. Exactitud
5. Sencillez y naturalidad
6. Brevedad
7. Gracia y amenidad
8. Calidez
9. Fluidez
10. Contundencia

Habilidad # 1: Claridad

Es la virtud por excelencia del redactor efectivo. Para medir la *claridad* en un texto ejecutivo sea informe, carta, análisis, ensayo, recurso jurídico o correo virtual, existen tres indicadores fundamentales:

1. Ser *entendido* por todos los lectores. Hasta por el más ignorante en el tema.
2. Ser *ordenado* en las ideas. Que una idea lleve a la otra, con perfecta *ilación*.
3. Ser *sencillo*, casi que «simple», en el lenguaje. Sin rebuscamientos de palabras demasiado técnicas, raras o muy pesadas.

La *claridad* se pierde cuando el redactor intenta convencer al lector de su capacidad intelectual o profesional con términos tan trascendentales, técnicos, filosóficos o científicos que ahogan el entendimiento.

La *claridad* tiene que ver con la pureza. Es decir, un escrito es claro cuando no presenta «contaminaciones». Permite una corriente pura y transparente de las ideas. El lector puede nadar en ese «río» claro, sin impedimentos y ver hasta los más profundos detalles.

En todos los diagnósticos que realizo a diario en los procesos de aprendizaje empresariales sobre expresión escrita, la necesidad número uno de los asistentes y su mayor expectativa es conseguir la *claridad,* que por lo general les parece tan difícil de lograr.

Sin saber por qué, los redactores ejecutivos se enredan todo el día en textos confusos, difíciles de entender.

El proceso común en una entidad es así: el profesional escribe un informe, carta o balance, el jefe lo revisa y se lo devuelve con muchas correcciones para que lo cambie. Pero resulta que ya le ha dado tantas vueltas que se bloquea, se siente un poco embotado y ya no lo sabe rehacer. Al final, el informe queda confuso.

Por falta de claridad, los profesionales padecen serios problemas en su diaria labor.

Cuando me siento a corregir a alguien un texto le pregunto: «¿Qué quiere decir aquí?», y me dice: «Lo que yo quiero decir es tal y tal cosa...» Y yo le respondo: «¡Pues escríbelo!» Porque, por lo general, dicen completamente otra cosa. El escrito está oscuro, tortuoso, empañado y no es claro.

EJEMPLO

No diga:

> Es de aclarar que los pagos se efectuaron después de la irrestricta fecha límite de pago, por lo cual se generaron intereses de mora y cargos de financiación causados por valor total de $8,315.00.

Diga:

> Los pagos se efectuaron después de la fecha límite. Esto generó intereses de mora y cargos de financiación por $8,315.00.

Habilidad # 2: Precisión

Es la cualidad de dar preciso en el blanco del mensaje. Sin errar. De decir justo lo que se necesita saber, la palabra precisa, nada más. Sin añadir, ni quitar. Sin desviarse para ninguna otra idea, aunque parezca muy pertinente o cercana.

Es la facultad de describir o narrar con los colores, olores, sabores, tamaños... precisos. Es el arte de escribir lo que quiere decir la idea, sin salirse por las ramas o perder al lector con imprecisiones que no vienen al caso.

La *precisión* es una cualidad propia de lo concreto. En una jornada diaria de redacción, precisión y concreción van de la mano. Lo que permite que los clientes —internos o externos— queden satisfechos con la información precisa que necesitan. Sin confusiones ni equívocos. Sin divagaciones ni dudas que lo obliguen a llamar por teléfono o escribir un e-mail para preguntar qué es lo que usted quiere decir en este texto.

La *precisión* utiliza las palabras adecuadas para cada frase. Sabe aplicar a la oración los conceptos perfectos, y no otros, que quieren decir otra cosa o implican imprecisiones.

Habilidad # 3: Concisión

Es la cualidad de no salirse de los límites del tema. Es centrarse en el punto clave y no extralimitarse acariciando otros temas paralelos. Porque puede confundir y agotar, en vez de aclarar, o añadir sabiduría al texto.

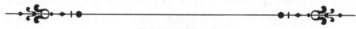

EJEMPLO

No diga:

Algunos de los aspectos anteriormente mencionados podrían mostrar, en cierta medida, la elevación de los precios. Tal vez, por un descuadre de los presupuestos para próximas temporadas, con posibles pérdidas que oscilan entre los cincuenta y sesenta millones de pesos.

Diga:

Los aspectos A y B muestran la elevación de los precios. Se trata de un descuadre presupuestal previsto para los meses de diciembre y enero próximos. Las pérdidas son de $50,675.00 y $38,493.00 respectivamente.

Habilidad # 4: Exactitud

Es la virtud de redactar como si se tratara de cifras matemáticas, donde no caben las divagaciones, lo relativo, el «tal vez», «quizá», «de pronto», «a lo mejor», «quien sabe».

Porque para el redactor exacto, 2+2=4, no otra cosa.

Habilidad # 5: Sencillez y naturalidad

La *sencillez* es sinónimo de grandeza del comunicador y del escritor. Es una virtud no fácil de adquirir en la redacción.

Todo por el mismo error de pensar que la grandilocuencia y la arrogancia del lenguaje implican mayor conocimiento e inteligencia de quien escribe. La *sencillez* es un indicador de la madurez del redactor. Siempre llevo a mis talleres la historia del día que leí las memorias de Gabriel García Márquez: *Vivir para contarla*.

Yo estuve en su casa de México, junto a Mercedes su esposa, por los días en que terminaba de escribir las memorias. Y toda la expectativa de los medios de comunicación alrededor de la obra fue tal, que esperaba con mucha expectativa.

Cuando por fin tuve el libro en mis manos, lo abrí feliz, a la espera de una entrada triunfal, apoteósica, parecida a la de *Cien años de soledad:*

> Muchos años después, frente al pelotón de fusilamiento, el coronel Aureliano Buendía había de recordar aquella tarde remota en que su padre lo llevó a conocer el hielo.[1]

Después de esa fantástica entrada que nos deja casi congelados, esperaba la obra cumbre de sus memorias con mucho entusiasmo. Me imaginaba un comienzo con imágenes muy macondianas, mariposas fucsias y violetas, una Remedios La Bella que volara en mantas de terciopelo con hilos de plata. No sé. Algo espectacular. Como todo lo de nuestro insigne y espléndido Premio Nobel.

Esperaba algo muy «garciamarquiano», lleno de virtuosismo del Nobel de Aracataca —la misma tierra donde nació mi padre— y con el inconfundible «realismo mágico» de Gabo. ¡Pero *no*!... Quedé sentada y un poco aturdida cuando leí ese párrafo de entrada tan sencillo y con una simpleza prodigiosa:

> Mi mamá me pidió que la acompañara a vender la casa.[2]

Casi que dice: «Mi mamá me mima», como la cartilla elemental. Todavía no salgo de mi asombro. Y me pregunto: ¿qué pasó?... ¡Qué diferencia con el Gabo de hace cuarenta años!

Un tiempo después, en medio del análisis asombrado sobre la entrada de las memorias del Nobel colombiano, vi en CNN en español a mi bella amiga y colega periodista, Claudia Palacios, en una entrevista con el escritor peruano Mario Vargas Llosa. Celebraba sus setenta años.

Le escuché decir al escritor Vargas Llosa aquel día que cuando comenzó a escribir, buscaba convencer con un lenguaje pesado, difícil. En la medida que maduraba, escribía con un lenguaje cada vez más sencillo.

Fue entonces cuando comencé a entender el tema: sencillez, es igual a madurez. Es una virtud procesada.

Y me lo confirmó aun más un lector que escribió su comentario de cinco estrellas sobre *Vivir para contarla*, de Gabriel García Márquez: «La *sencillez* con la cual un hombre colombiano describe sus enseñanzas en esta tierra, engrandece cada sentimiento y la sabiduría de sus años...»[3]

La *naturalidad*, por su parte, implica ausencia de exageraciones, de «maquillaje» sobrecargado para llamar la atención. Permite al lector observar los detalles, sin máscaras que tapen el rostro del mensaje.

EJEMPLO

No diga:

Teniendo en cuenta lo anterior, nuestra entidad cuenta con servicios suficientes, para la polarización de las fuerzas divergentes, que reclaman equívocos y entuertos quijotescos en nuestra carpeta de servicios, pero que estamos dispuestos a sufragar, como agentes forjadores de una cultura del servicio al cliente, que permita la construcción de relaciones socializantes y humanitarias que trasciendan más allá de los sentimientos de intolerancia.

Diga:

El banco contestará, a la mayor brevedad, sus inquietudes, reclamos o sugerencias. Esperamos mantener buenas relaciones con usted y con todos nuestros clientes, en medio de un ambiente de cordialidad y entendimiento.

Habilidad # 6: Brevedad

La *brevedad* es una cualidad cada vez más exigida por la redacción virtual. Cada vez hay menos tiempo para leer, menos espacio para escribir, menos ganas de recibir exceso de información.

La tendencia actual de la redacción es a las frases cortas, al estilo muy puntual, las viñetas para señalar líneas con mínimo de palabras. Sobre todo, en aras de la redacción virtual, que exige la cualidad de ser breve. No es opcional. La *brevedad* es sinónimo de amenidad, concreción, capacidad de síntesis. Le permite al redactor mismo forjar una autodisciplina que le exige decir lo mismo, pero en pocas palabras.

De esa manera, evita las confusiones y concentra su esfuerzo en las prioridades del mensaje.

EJEMPLO

No diga:

En relación con los honorarios causados a favor de... y a su cargo, estos se efectuaron sobre el valor del abono realizado por usted y los mismos tienen su fundamento en disposiciones legales, tales como la consagrada en el artículo 1629 del Código Civil, «los gastos que ocasionare el pago serán a cargo del deudor...» las cuales indican que en caso de cobro judicial o extrajudicial serán de cargo del deudor los honorarios de cobranza, los que serán exigibles por el solo hecho de trasladarse la cuenta respectiva para su cobranza, a otra entidad o persona.

Diga:

Los honorarios causados a favor de... y a su cargo, se efectuaron sobre el valor del abono. El artículo 1629 del Código Civil dice: «los gastos que ocasionare el pago serán a cargo del deudor...» Serán exigibles por el solo hecho de trasladarse la cuenta a otra entidad o persona.

Habilidad # 7: Gracia y amenidad

La *gracia* es un don natural de algunos escritores. Redactores carismáticos que cuentan con una gracia especial para ser atractivos a los lectores. Nacieron con ella. Es parte de su encanto.

Pero aunque no haya nacido con ella entre sus atributos naturales, la *gracia* de la comunicación escrita se puede adquirir y trabajar con una noble disposición. Porque la *gracia* es una aptitud, pero también una actitud.

Se consigue al aplicarle un poco de sal y pimienta al gusto a los textos que redacta. Lo contrario a la *gracia* es lo que se llama un estilo «plano». Es decir, sin condimento para darles sabor a sus textos. La gracia es: Sal, pimienta o... ¡azúcar!

En medio de un mundo de comunicaciones ásperas, complicadas, enredadas, agresivas, aburridas, rígidas y «ladrilludas», es muy agradable ser el cliente de una entidad donde responden con gracia. ¡Qué dicha!

Se puede aplicar la *gracia* a los textos serios y objetivos. No sólo a los de humor. Porque la *gracia* es también ritmo, música, armonía, es el color del texto.

Textos sonrientes, amables... Chispa de amor y gentileza. Es un «no sé qué...» que atrae al lector y hasta lo hace suspirar, llorar o sonreír.

EJEMPLO

No diga:

Este importante y destacado proyecto piloto sin precedentes, contiene unos elementos que denotan la variedad de los servicios que presta la entidad, como símbolo de los principios y valores prioritarios de nuestra sociedad, porque queremos levantar una bandera de honestidad, compromiso y seriedad, como compañía líder en el servicio de tarjetas de crédito y servicios bancarios en general. Si se acerca a nuestra sede, con gusto le resolveremos sus inquietudes.

Diga:

¿Honestidad... compromiso... seriedad?... No son tres elefantes que se balancean, próximos a la extinción. Son los principios que de verdad espera desarrollar para usted nuestra entidad, como empresa líder en tarjetas de crédito y servicios bancarios. Compruébelo usted mismo. Lo esperamos.

Habilidad # 8: Calidez

La calidez es, más que una habilidad, es un valor corporativo necesario para la transformación cultural de una entidad.

Para pasar de un clima frío, hostil, de prepotencia, rigidez, con estrés agresivo y reactivo, nada más importante que cambiar la comunicación de los mensajes escritos.

El trato entre los funcionarios de una empresa se puede medir en los textos virtuales.

El paradigma que debemos desmontar aquí es el de pensar que ser «decente» es escribir con términos y frases demasiado formales y acartonadas. Con palabras casi que aduladoras.

En la era virtual, del *chat*, no se puede pensar que ser cálido es decir cosas como: «Cordialmente me dirijo a usted para solicitarle su atención a esta solicitud de...»

En el mundo de hoy, acelerado y cambiante, la calidez no se mide por el tapete rojo delante del lector. Usted puede decir sin miedo y sin rodeos: «Solicito el favor de...» Nada más.

La calidez se mide hoy por el buen tono, ameno, agradable, utilizado por el profesional. Sin arandelas, ni corbatín. Uno puede ser amable, gentil, querido, sin necesidad de dar rodeos de urbanidad anticuada.

Lo más simpático de este paradigma es cómo uno lee un texto que intenta ser «cálido» con frases como: «Nos dirigimos a usted cordialmente...» y luego lo regañan con un tono bastante áspero.

Quiere decir que no es coherente el estilo dizque gentil de los conectores fosílicos, con el insulto que sigue a continuación.

Para romper el esquema, es necesario que toda la organización entre en la cultura de la calidez, sin tanta complicación. El asunto debe permear desde la cabeza y el liderazgo de la alta gerencia hasta el último funcionario de la organización.

Porque si un líder logra romper el paradigma, cambia su lenguaje legalista por uno más amable y amigable pero su jefe exige mantener el sistema de los saludos y los conectores arcaicos, el cambio de la cultura será más complejo.

Aunque de todas maneras usted debe alinearse con la autoridad de su jefe y de su área. Vamos con calma. Este es un asunto de transformación cultural. No se logra de la noche a la mañana.

Como todo, es un proceso. Pero no se desanime. Juntos seguiremos en la batalla quijotesca contra los molinos de viento, gigantes que atentan contra la calidez de la comunicación. Alguien tiene que lograrlo. Para que a las próximas generaciones de redactores corporativos les toque un camino más fácil.

Habilidad # 9: Fluidez

Cuando inicio un taller de comunicación escrita en una entidad, siempre le digo al auditorio: «Les regalo un hermoso anuncio imaginario, en letras de neón, que dice: ¡¡¡...F L U I D E Z...!!!»

Porque todo lo que hemos visto hasta ahora, y lo que veremos durante este proceso de entrenamiento, apunta a esa meta de oro: la *fluidez* de la comunicación escrita. Personal y de la entidad.

Y la fluidez produce claridad, efectividad y, por supuesto, alto impacto en los resultados.

Para conseguir fluidez, es necesario eliminar todos los vicios mencionados en el capítulo 1.

Es la única manera de lograrlo. Piense por un momento: No puede haber fluidez con párrafos largos, conectores muletilla, yotacismo, queísmo, gerunditis, monotonía... en fin. Cuando eliminamos todos esos vicios que afectan el mensaje, podemos empezar a *fluir*.

La fluidez se encuentra en la sencillez, la brevedad y la concreción. En el orden adecuado de las ideas. Y en la puntuación con ritmo y armonía. No se deje bloquear. Deshágase de todo ese peso jurásico, y ¡fluya!

Gastará menos tiempo y esfuerzo. Y obtendrá cada vez mayores y mejores resultados.

Habilidad # 10: Contundencia

La contundencia es una habilidad de la comunicación escrita que implica firmeza. El escritor muestra esta destreza cuando transmite sus ideas con tal convicción, o las expone con tal energía que no admite discusión.

Un texto contundente produce una gran impresión en el ánimo del lector y lo convence. Muestra autoridad en sus criterios. Produce una seria confianza y credibilidad porque no deja lugar a la duda.

Al parecer, esta es una de las destrezas menos comunes en los redactores cotidianos. La presión del día a día, el aburrimiento de las largas jornadas, el conformismo con el formato preexistente, han permitido que aun los más creativos y asertivos escritores virtuales se tornen laxos y débiles.

Pero cuando aparece un escritor que muestra su contundencia en una universidad o una empresa, se nota a leguas que es diferente. Sus logros y su impacto con lo que comunica son tan fuertes que pocas personas pueden pasar por alto sus mensajes.

En la forma, la contundencia se logra con una puntuación muy firme. Sin palabras dulzonas, con un lenguaje directo y puntual. Apunta «directo a la yugular» del lector. Lo deja sorprendido y lo estimula a tomar la acción que necesita.

En el fondo, la contundencia se consigue con firmeza en el espíritu de la letra, con un ánimo dispuesto y resuelto y con una actitud firme, decidida, intencional, que marca las vidas de quienes reciben sus comunicaciones.

Cuando alguien lee un texto contundente, no lo olvida. Deja huella. Queda grabado en la memoria, y en el alma de las personas que son su público lector.

La contundencia no tiene nada que ver con comunicación grosera o con mensajes ofensivos. La contundencia va de la mano con la gentileza y la amabilidad del escritor. Es el balance, el equilibrio entre la firmeza y la diplomacia.

Principios de la Comunicación Escrita Empresarial

La belleza y efectividad de la redacción no se miden sólo por las cualidades, la capacidad técnica del escritor o por la habilidad para manejar las reglas ortográficas y de sintaxis.

Un buen escritor conoce y aplica los principios básicos de la redacción porque sabe que la técnica por sí misma, sin los valores morales o sin los códigos elementales de las relaciones humanas no funciona.

No bastan las habilidades, los principios y las características. Es muy importante que el escritor empresarial guarde en el escritorio –y en el corazón– ciertos principios fundamentales. Sin ellos, todo lo demás será un commodity.[4]

Entre algunos de los principios más destacados para un escritor empresarial están:

Amabilidad...	Hágase amar a sí mismo y a su empresa.
Prudencia...	No diga más de lo que tiene que decir.
Cortesía...	No sea grosero, tosco o agresivo.
Veracidad...	Diga siempre la verdad, sin manipular.
Honestidad...	No mienta ni engañe al cliente.
Integridad...	Sea irreprensible en todos los detalles.
Sobriedad...	No se exceda en argumentos ni explicaciones.

Diplomacia...   Trate las situaciones como un conciliador.
Objetividad...   No se deje llevar por el emocionalismo subjetivo.
Transparencia...   Permita ver al interior del tema, sin escondrijos.

CARACTERÍSTICAS
DEL BUEN REDACTOR EMPRESARIAL

Además de las virtudes y habilidades, el buen redactor presenta unas características específicas, muy propias de quienes quieren ser excelentes comunicadores en las entidades e instituciones.

Aquí le presentamos algunas de las más importantes a desarrollar:

Sensibilidad...   Belleza del lenguaje.
Sentido de la excelencia...   No ser conformista.
Sentido de la investigación...   Profundizar más.
Sentido de la actualización...   Estar bien informado.
Ser recursivo...   Trabajar con lo que tiene.
Pasión...   Amar y vibrar.
Humildad...   Agachar la cabeza.
Sabiduría...   Entender los propósitos.
Agilidad...   Para escribir bajo presión.
Concentración...   Para no dejarse distraer.
Visión...   *Para saber hacia dónde va.*

CAPÍTULO 4

Puntuación, la clave de oro

* Ritmo, estilo y temperamento
* *Claves* para estructurar los textos con ilación, ritmo, brevedad y
  amenidad

El punto

La puntuación es el secreto más valioso del comunicador efectivo. La clave
de oro. Con el punto alcanzará el estilo, ordenará las ideas, podrá ser breve,
claro, concreto, sencillo... Con el punto conseguirá la gracia. Pero, sobre todo,
marcará el ritmo, de tal manera que se escuche música en sus escritos.

Para ello, se necesita el «oído rítmico» del escritor. Cada frase le marca el paso a la siguiente, para llevar así el compás perfecto. Tal como las
airosas «cumbiamberas», a ritmo de tambores, con una cadencia única.
Rítmica, pero apacible. Sencilla, pero digna. Alegre, pero serena.

La *puntuación* es a la redacción lo que el ritmo es a la música.

No existen reglas fijas y estrictas acerca del tema. Se colocan puntos seguidos, puntos aparte, comas, punto y comas, puntos suspensivos...
según el ritmo interior de la persona.

Es una parte tan vivencial y personal del texto que, si se analizan los
párrafos de algunos escritores, encontramos con asombro cómo unos colocan punto donde otros prefieren punto y coma. Algunos colocan coma
donde otros aplican punto seguido.

El *estilo* define la puntuación. Es decir, es cuestión de psicología de la redacción. Del carácter propio que el redactor les imprime a sus textos. Porque depende, en parte, de la personalidad y del temperamento de quien escribe. Por razones obvias, no es lo mismo leer un escritor caribeño, que uno del interior. El primero, suena a cumbias, maracas, gaitas y tambores. El segundo, en cambio, suena a pasillos, bambucos, triples. El primero nos lleva a la inmensidad del mar, al calor, a la hamaca grande, al chinchorro, al olor de la guayaba. El segundo, en cambio, nos lleva a las montañas, al frío, a la ruana, al aroma del café endulzado con panela.

LINEAMIENTOS

Destapado el regalo, veamos entonces los lineamientos existentes para cada signo de puntuación:

- *Coma*: Indica una pausa al hablar y determina el sentido de la frase.

Se usa:
- Entre los elementos de una serie.
- Después de una oración subordinada.
- Cuando se introducen frases incisivas que interrumpen la oración.
- Para meter algunas frases.
- *Punto y coma*: Para separar ideas afines, que generalmente incluyen comas.
- *Punto seguido*: Se aplica al terminar de una oración, pero se sigue en el mismo asunto, en el mismo renglón. Señala una pausa y entonación.
- *Punto aparte*: Se usa al final del párrafo.
- *Punto final*: Indica terminación del escrito.
- *Dos puntos*: Representan una pausa menor que la del punto. Llaman la atención sobre lo que se escribe a continuación.

Se usan:
- Antes de una cita textual.
- Antes de una enumeración.
- Después de expresiones como: por ejemplo, a saber.

- Antes de una oración que sea una conclusión o exprese la causa de lo que se afirma en la anterior.
- Después de las palabras: «Ordeno:», «Mando:», «Certifico:», «Hago saber:», «Considerando:».
- *Puntos suspensivos*: Señalan que algo se deja por expresar.
- Punto final.

EJERCICIOS

Puntuación

Escriba una carta empresarial de tres párrafos largos, sin preocuparse por la puntuación.

_____

_____

_____

_____

_____

_____

_____

_____

Ahora escríbala en tres párrafos breves, sencillos, claros, con una puntuación bien aplicada, ¡¡*gracia y ritmo*!!

_____

_____

_____

_____

_____

_____

_____

_____

_____

_____

Para terminar, le dejo un regalo imaginario: El punto de oro.

Llévelo en el bolsillo. Aplíquelo a todos sus textos, como su clave de comunicación para toda la vida.

Su estilo como escritor se transformará.

La comunicación de la empresa se transformará.

Puntuación... Puntuación... Puntuación...

Y punto.

CAPÍTULO 5

Persuasión para convencer

- *Cómo* conseguir la persuasión, con mensajes que convenzan, conecten, lleguen y «vendan» las ideas
- *Claves* para escribir con un lenguaje seguro y convincente, con valor agregado y que apunte a la necesidad y al beneficio del otro

Después de eliminar los vicios, romper los paradigmas y alcanzar las habilidades propias para ser claro, concreto y preciso en los escritos, el nivel siguiente es llegar a la persuasión.

Persuadir es un verdadero arte que requiere técnica. Una habilidad propia del nivel de profundización en el aprendizaje de la comunicación escrita.

Cuando pregunto a los líderes: ¿qué es persuadir? contestan: «Es llevar al otro al punto de hacer lo que yo necesito». Mi respuesta es: «¡Eso es manipular!»

Persuadir es convencer. Pero con el propósito de responder a la necesidad del lector. No a la mía, o a la de la empresa. Es estar siempre enfocado en dar soluciones.

Es generar valor agregado. Cuando logramos enfocarnos en el bien del otro, de sus intereses, ya estamos en el más alto nivel de la persuasión. Convencemos. Sin esfuerzos. Sin manipulaciones.

Esto es, de verdad, generar valor agregado, desde el principio hasta el final del texto.

Luego de ser efectivos, eficientes o eficaces, si queremos entrar en la dimensión de la comunicación inteligente, sin lugar a dudas el próximo paso es ser persuasivos.

Y, como añadidura, comenzaremos a ver con feliz asombro los resultados positivos en la rentabilidad. Sin necesidad de enfocarnos en ella como si fuera la única razón de ser del texto.

Créame, se notará la diferencia. Subirá su nivel como comunicador y su expresión escrita transmitirá una agudeza y sensibilidad mayor.

CAPÍTULO 6

Cómo lograr la *asertividad*

- *Claves* para alcanzar el equilibrio entre pasividad y agresividad
- *Claves* para escribir con un lenguaje directo y determinado, sin titubeos ni timideces. Sí o no.

La *asertividad* es una virtud. Ser asertivo (con «s», no con «c») significa ser afirmativo. No titubear. Llegar al punto de manera determinada. Saber decir sí o no, sin dudas, inseguridades ni timideces.

En la expresión escrita, la asertividad se pierde por la presencia de los vicios —estudiados en el capítulo 1— como los conectores arcaicos, los párrafos largos y la falta de puntuación.

La asertividad en el estilo de un escritor empresarial es necesaria para mostrar contundencia. De lo contrario, no logrará la credibilidad, ni la efectividad en los resultados que tanto anhela.

Escribir con asertividad implica un «tono» firme en el manejo de las frases.

La persona asertiva no dice cosas como: «Si fuera posible, le agradecería me ayudara con la revisión de unas carpeticas sencillas sobre el informe de gestión, no muy complicadas, que no le quitarán mucho de su valioso tiempo. Y aunque la verdad me da mucha pena importunarlo con este asunto tan insignificante, le agradezco su gentileza en prestar atención a esta solicitud, para poder presentarla en la reunión del próximo jueves».

La persona asertiva diría esa misma frase en un tono mucho más firme, directo y contundente: «Gracias por la revisión oportuna de las carpetas del informe de gestión. Son muy necesarias para la reunión del jueves».

Nada peor que un escrito que no concreta, evade y anda con rodeos en cada uno de sus mensajes. Por inseguridad y temor a comprometerse.

¿CÓMO CONSEGUIR LA ASERTIVIDAD?

La asertividad se logra con una adecuada puntuación, frases breves, lenguaje directo —pero cálido y amable— y sin tantas «arandelas». Con oraciones muy afirmativas, que denotan la seguridad de quien escribe.

Ser un comunicador asertivo implica expresar con fuerza. Afirmar de manera positiva, segura y plena. Aseverar lo que se dice y sostener sus palabras con seguridad. Exteriorizar de manera franca. Ejercer autoridad y poder, sin imponer.

En la comunicación inteligente, la asertividad es el equilibrio entre ser agresivo y ser pasivo. Transmite con madurez y criterio, expresa convicciones. Es una forma de comunicación directa y equilibrada. Con autoconfianza.

Un escritor empresarial asertivo no se dirige a su equipo o a los líderes con frases como: «Podría ser», «De alguna manera», «Tal vez», «Quizá», «A lo mejor», «Quién sabe», «Déjame pensarlo», «De pronto»...

El asertivo utiliza un lenguaje determinado, con frases como: «Sin duda», «La manera más segura...», «Con seguridad», «Sabemos que», «Se trata de», «Creemos que», «Nos parece que», «Opino que»... con carácter firme y criterio seguro.

Esto eleva su nivel de impacto. Y, por consiguiente, su capacidad de ser exitoso y su competitividad.

LAS HERRAMIENTAS DE LA ASERTIVIDAD

1. El punto: Para escribir de manera asertiva, el mejor aliado es el punto seguido. Es una herramienta determinante para la contundencia.

2. La brevedad: Sin duda, el lenguaje en espiral, con párrafos extensos que parecen interminables, por bueno que sea, no le permitirá

jamás ser asertivo. Aplique la brevedad como una exigencia de la redacción virtual.

3. La ilación: Cuando un párrafo le sigue al otro con ilación, es decir, con ideas consecuentes, conexión sin esfuerzos ni conectores embutidos, usted consigue uno de los niveles más altos de la asertividad.

4. Sí o no: Para ser asertivo en los textos, es necesario decir sí o no con determinación. Sin dudar. Sin puntos medios. Esto expresa un estilo afirmativo, que transmite no sólo la comunicación asertiva, sino un liderazgo asertivo y de alto impacto.

5. Criterio: El escritor asertivo transmite conocimiento del tema, experiencia en el campo y mucho criterio personal. Porque el lenguaje asertivo define ideas y genera valor agregado en cada párrafo. Es el lenguaje de un asesor con juicio, sabiduría, discernimiento y sensatez. Confiable.

La *asertividad* es la habilidad de expresar ideas o deseos con equilibrio entre ser amable y franco, en forma adecuada. Sin pasividad ni agresividad. Porque la pasividad evita. Y la agresividad ofende.

Asertividad es un factor determinante para desarrollar habilidades de negociación. El escritor asertivo negocia con todo, menos con los principios y valores. Porque estos no son negociables.

Algunos autores importantes con los que me identifico y que han sido de influencia para mi investigación sobre la comunicación, describen la asertividad como «una habilidad de la comunicación».

Otros prefieren quedarse en la definición básica del carácter. Es decir, persuasión es una capacidad del ser, que logra el balance entre ser agresivo o pasivo.

En ese sentido, podemos decir que el escritor pasivo no es capaz de expresar en forma franca sus sentimientos, pensamientos y opiniones. Muestra derrota, disculpas y falta de confianza. El escritor agresivo expresa sus opiniones de manera inapropiada, muy impositiva. Ataca los derechos de las personas. Incluye ofensas verbales, insultos, amenazas y comentarios hostiles o humillantes.

El escritor asertivo, en cambio, logra el perfecto balance. Se expresa con firmeza pero con amabilidad. Muestra confianza en sí mismo. Es expresivo, espontáneo, seguro y capaz de influenciar a otros con positivismo.

La Real Academia Española dice que «asertivo» es *afirmativo*. Viene de *aserto* (afirmación de la certeza de algo).

CAPÍTULO 7

Liderazgo y comunicación de alto impacto

- *Cómo* ser líderes que escriban con alto impacto, al nivel de Harvard
- *Claves* para redactar textos de alto impacto, de principio a fin, no por el lenguaje pesado, sino por la capacidad de impactar en los resultados del negocio
- Los factores que determinan el impacto:
  - Fluidez
  - Innovación «in»
  - ¡Influencia... influencia... influencia...!

Cuando hablo de *fluidez*, me refiero a la capacidad de expresarse con facilidad y espontaneidad, en forma correcta. En un escrito *fluido*, las ideas se desarrollan con facilidad, sin enredarse en bloqueos ni vicios.

Dentro de la lingüística la *fluidez* se conoce como la «habilidad para producir, expresar y relacionar palabras».

Por eso, la fluidez es, a mi modo de ver, la virtud más alta de la comunicación escrita. Y la más necesaria en las empresas y entidades.

Las «frases de cajón», el lenguaje «robotizado» y autómata, los arcaísmos, los conectores fosílicos y todos los bloqueadores que hemos estudiado en el trascurso de este libro, son enemigos de la fluidez.

Cuando inicio un proceso de aprendizaje y desarrollo en una empresa, ante gerentes y vicepresidentes de compañías, siempre les regalo un letrero imaginario, en letras de neón, dibujadas en la pared del salón de conferencias, en el que dice, en grandes letras que nos acompañarán durante todo el proceso, lo siguiente: *«Fluidez».*

Quiero dar mucho énfasis a la necesidad de *fluir* en la comunicación escrita, para alcanzar el mayor nivel de impacto.

El concepto de fluidez —relacionado con la lingüística— tiene sinónimos: *elocuencia, facilidad, labia, naturalidad, verbosidad, expresividad, facundia, verborrea.*

Quiere decir que una persona con *fluidez* al escribir es la que muestra *facilidad* y *naturalidad* en la expresión de sus ideas. Eso me encanta.

No se puede ser *fluido* con un lenguaje pesado, complicado y difícil. Aquí regresamos a nuestro lema: «el valor de lo simple», a la consigna del minimalismo: «menos es más».

De manera que para conseguir *fluidez*, debe empezar por romper los consabidos paradigmas tan persistentes en los escritores empresariales y los profesionales latinos, obsesionados con escribir muy pesado, con palabras rebuscadas y muy técnicas, para demostrar que saben.

La *fluidez* es una capacidad asociada a la sencillez. Para conseguirla se requiere la conciencia de ser, por encima de todo, un *facilitador*. Porque la fluidez, no tiene pretensiones ni confusiones.

FLUIDEZ HOY: VIRTUAL Y DIGITAL

El desempeño comunicacional de un individuo hoy en día depende no sólo de su fluidez lingüística, sino también de su fluidez informacional.

Esta aumenta de manera proporcional a su familiaridad con los programas de su computador y su capacidad cognitiva para buscar, procesar y usar información.

El concepto de fluidez hoy es informacional. Esto lo vuelve más exigente, porque implica capacidades de pensamiento que van más allá de la pluma de oro de un hábil escritor.

El redactor de estos días debe fluir a la par con los sistemas y los programas virtuales. Lo cual implica velocidades que no permiten peso ni estorbo.

FLUIDEZ: PURO *FLOW*

Para dar a entender mejor y de una manera más divertida, menos técnica, el concepto de fluidez en la redacción, lo relaciono con la prodigiosa fórmula musical de los «reguetoneros» latinos: «puro *flow*».

Escribir con *flow* es un concepto que no se podría describir ni explicar muy bien. Quiere decir: flotar, ser libre, dejarse llevar, gozar, disfrutar, pasarla bien, ser relajado, sin problemas.

La fluidez en la redacción es puro *flow*. No le caben palabrejas ni frases formales, rígidas, «de cajón». Es la forma de escribir más sencilla que encuentre.

Es el lugar donde usted se conecta mejor con su estilo personal. Sin ser irreverente y muy alineado con la filosofía de la entidad, se puede ser fluido, con un lenguaje amable, asertivo y gentil, ¡pero libre!

Para entenderlo mejor, lo explicaré con ejemplos reales.

Caso 1

Así comienza la carta del vicepresidente de una compañía para explicar a la junta directiva —el presidente y su equipo de trabajo— las metas del próximo año:

Antes

Comedidamente me dirijo a usted para ratificarle, de acuerdo a la pasada reunión, los excelentes resultados obtenidos con las ya conocidas fórmulas *ONC* que ha adquirido la compañía y a través de las cuales logramos programar los requerimientos de capacitación proyectados para los próximos semestres, en los cuales se confirma la inexistencia de un plan de desarrollo fundamental, que promueva el desarrollo de los individuos en el área de *PSI*, con los empleados del pre y post ingreso, que ha aplicado a los programas de RR.HH. y de informática virtual, necesarios para el establecimiento de metas en el área de *AMP* y en toda la compañía.

¿Qué opina usted de este texto? Por favor, ejercítese calificándolo con cinco palabras que usted considere lo describen a la perfección. (Por ejemplo: rígido, confuso, pesado...)

Después

Ahora traduciremos, el mismo texto, al lenguaje *flow*. Así debería decirlo con *fluidez*.

Buenos días:

Estos son los requerimientos de capacitación proyectados para el plan de desarrollo de los próximos semestres.

De esta manera se promoverá el desarrollo de los individuos en el área de informática. También el ingreso de nuevos funcionarios a través de recursos humanos.

Ejercicio

¿Qué opina de este texto? Por favor, ejercítese calificándolo con cinco palabras que considere lo describen a la perfección. (Por ejemplo: sencillo, tranquilo, claro...)

Ahora, compare las dos descripciones. ¿Cuál prefiere? ¿Por qué? Fíjese bien en la forma como está escrito el segundo. Y revise todas las líneas y «palabrejas», siglas, frases de cajón y todo lo que eliminamos para conseguir fluidez.

El lema de la fluidez es «lo que no sirve... que no estorbe».

Ahora, comience a ejercitarla en todos sus párrafos en la entidad o lugar donde escribe todos los días. Se dará cuenta de la cantidad de peso que se quitará de encima.

Entenderá que para poder *fluir* es necesario liberarse de un lenguaje rígido, pesado, encadenado y sobrecargado, con el que nadie en el planeta Tierra, en ningún idioma, podría alcanzar fluidez.

Después de quitarles todo ese peso a sus líneas, entonces comenzarán a fluirle las ideas inteligentes, diáfanas, claras, sin complicaciones. Su conocimiento comenzará a brillar con luz propia. Sin estorbos.

Innovación

La innovación es tema obligado de hoy en las mesas de los directivos de las universidades y empresas de todo el mundo. Se ha llegado a establecer como un valor corporativo.

Los grandes gurús de la gestión humana dictan seminarios y conferencias sobre innovación, donde enseñan a los asistentes a afrontar la guerra de la competitividad para poder crecer en medio de un mercado muy difícil.

Si la clave del crecimiento y la competitividad es la innovación, es obvio que no se puede pensar en innovar si no existen cambios contundentes en la comunicación tanto escrita como hablada y escuchada.

Si una entidad realiza todo un proceso de innovación de su imagen y sus programas, aun a sus instalaciones, pero no incluye el concepto de innovación en su comunicación, de nada le sirve todo ese esfuerzo e inversión.

Si aplicamos la innovación a todo, pues lo más lógico es que debemos aplicarla también a la comunicación.

No podemos pretender innovar todo y continuar con una comunicación escrita rígida, con formatos complicados y acartonados. Es absurdo seguir con todos los vicios y bloqueadores arcaicos, jurásicos y fosílicos de los textos.

No podemos continuar con los conectores envejecidos y el lenguaje de corbatín y corpiño, en la era de la innovación.

La innovación es, ante todo, una actitud que deben asumir los profesionales. Porque para escribir de manera innovadora, es necesario eliminar todo lo que impida la frescura de los textos.

La innovación va más allá de la forma de los textos. Se involucra en el fondo. En el concepto que se quiere transmitir.

Los textos innovadores buscan el cambio. Apuntan al lenguaje más actualizado. Se sienten digeribles y también muy intencionales, con propósito claro y apuntan al objetivo.

Y mucho más allá del fondo y la forma, la innovación aplica al espíritu de la nota que se escribe. Porque cuando el mensaje que se redacta quiere impactar, debe innovar.

El escritor innovador utiliza elementos diferentes que no dicen todas las personas. Aplica a sus textos un «color» distinto. Y un «sabor» diferente.

La innovación de los textos está ligada a la productividad. Porque si usted cuando escribe cuenta con una mente innovadora, llena de ingenio, y una actitud de inteligencia emprendedora, sus textos se destacarán. Tanto en lo impreso como en lo digital o virtual.

Innovar es un arte, un valor, una habilidad de la comunicación, pero sobre todo, es la forma perfecta para alcanzar resultados de alto impacto. La persona innovadora utiliza frases distintas. No se dirige a nadie con frases «de cajón». Reinventa la vida cada día. Todo lo que escribe se enfoca en generar algo nuevo. Puro valor agregado.

Sobre innovación se ha dicho mucho en los últimos años. Pero pocos saben cómo aplicarla. Eso suele suceder con la mayoría de las tendencias que entran en la moda empresarial.

Pero si se analizan a fondo las teorías sobre innovación y el beneficio que implica su aplicación, seguro que estaremos ante una de las necesidades más fuertes de una empresa, institución u organización para alcanzar su punto óptimo de crecimiento y competitividad.

Si aplicamos el concepto de innovación a la comunicación, encontraremos la urgencia de transformar casi todos los formatos rígidos y obsoletos que utilizamos al dirigirnos a nuestros públicos.

Innovar implica ingenio, creatividad, inteligencia... todo lo necesario para poder subsistir en el mundo de la competencia.

Un libro sobre innovación marcó mi forma de pensar acerca de la competitividad. Y al aplicarlo a la comunicación, me permitió entrar en la teoría del «océano azul»,[1] así se llama el libro. Y salir del «océano rojo» de la competencia a guerra, sangre y muerte.

El libro me lo presentó el doctor Arturo Penagos, vicepresidente de auditoría de Bancolombia, a quien he acompañado durante cuatro años en un proceso de transformación en la comunicación de sus gerencias.

Hoy el área de auditoría de esa entidad es, gracias a la labor inteligente de Penagos, un ejemplo para cualquier división de auditoría, porque ha roto todos los paradigmas acerca de la cultura de la auditoría, conocida como «policiva» y rígida.

Con mis talleres de «Comunicación efectiva escrita», «Presentaciones de alto impacto» e «Inteligencia emocional», unidos a unos procesos internos de *coaching* y varios seminarios con expertos en innovación, Penagos ha logrado transformar a su equipo.

Con su liderazgo asertivo se ha convertido en modelo para todas las áreas del banco y otras entidades que todavía ven la auditoría como una disciplina rigurosa y aburrida pero necesaria. Para Penagos es divertida, amable y gentil. Eso sí que es romper paradigmas. La estrategia del océano azul fue formulada por W. Chan Kim en su libro por el mismo nombre. La tesis que inspira esta obra es la necesidad de dejar a un lado la competencia destructiva entre las empresas para lograr ser un ganador en el futuro. Amplía los horizontes del mercado y genera valor a través de la innovación.

Él utiliza una parábola para diferenciar las dos situaciones competitivas más comunes en todas las entidades: océanos rojos y azules. Los rojos representan todas las compañías en la actualidad. Los azules muestran las ideas de negocio desconocidas.

Los océanos azules, se caracterizan por la creación de mercados en áreas que no están explotadas. Generan oportunidades de crecimiento.

Así que toma el ejemplo del mundialmente famoso Cirque du Soleil, creado en Canadá en 1984 por un grupo de actores. Sus representaciones han conseguido llegar a más de cuarenta millones de personas en noventa ciudades de todo el planeta.

Por otra parte, las representaciones del Cirque du Soleil se dirigen a un público de todas las edades: No sólo a niños acompañados de sus padres. Esto, unido al carácter único de cada una de sus giras, ha aumentado de forma asombrosa la demanda de esos espectáculos.

Además, puede cobrar tarifas parecidas a las de los teatros, superiores a la entrada de un circo tradicional. El Cirque du Soleil ha creado un océano azul con un concepto innovador, diferente al de las industrias preexistentes del circo y el teatro.

Ha reducido los costos. Ha ampliado el mercado mediante la diversificación del público.

Toda esta estrategia del océano azul, aplicada a la comunicación, implica no dejarse llevar por la competencia y por lo que ya está establecido por años de años en lo que se refiere a los mensajes y textos del día a día en una entidad.

Si entráramos en la era de la innovación para la comunicación escrita, podríamos empezar a redactar textos que no se fijen en lo que escribe el otro, ni trate de copiar sus tesis o propuestas.

Se puede hablar de un comunicador innovador cuando deja de mirar lo que otros dicen por escrito y comienza a aportar sus propias ideas.

De esa manera podrá aportarle a su propia carrera y a la entidad nuevas ideas, mayor capacidad y, por supuesto, mayor rentabilidad.

Es claro que la innovación debe verse reflejada en la comunicación. Es allí donde de verdad se puede hablar de innovación.

Porque una compañía puede invertir millones en implementar una estrategia de innovación. Puede cambiar su imagen y su publicidad.

Puede crear un departamento completo de innovación. Pero si no involucra el concepto y la estrategia de innovación en la comunicación de los mensajes que trasmite... Si continúa con textos octogenarios y obsoletos, de nada le sirve la inversión, y esa plata se perdió.

John Kao, profesor de creatividad e innovación de la Universidad de Harvard, dice que la creatividad es:

> el total del proceso por el cual las ideas se generan, se desarrollan y se transforman en valor. Ella comprende lo que generalmente se entiende por innovación y espíritu de empresa... significa tanto el arte de darles vida a nuevas ideas y cómo desarrollarlas hasta la etapa de valor realizado.[2]

Si analizamos con detenimiento cada una de las tesis del doctor Raymond Prada, el CNP, o las de John Kao, de Harvard, encontraremos que cada una de las áreas donde se debe involucrar la competitividad, están atravesadas por un mismo eje: la comunicación. Sea escrita, oral o no verbal.

No puede haber liderazgo, ni estilo, ni procesos, ni cultura, ni nada innovador, si primero no se aplica la innovación a la comunicación que, en última instancia, será la cara visible de la verdadera innovación en una entidad.

No basta con traer los últimos equipos avanzados de tecnología de punta, si el estilo y el concepto de la comunicación escrita no han entrado aún en la innovación de sus conceptos y en la forma de presentarlos de manera genuina, con autenticidad y originalidad, innovación pura.

Una estrategia y una cultura que se verán reflejadas en cada línea escrita por los funcionarios y líderes de la entidad, o la universidad o la familia.

Si quiere aplicar la innovación para crecer y ser competitivo, comience por innovar los mensajes que transmite y la forma de su comunicación.

¡INFLUENCIA... INFLUENCIA... INFLUENCIA!

La primera forma de influencia de un líder es, por supuesto, la comunicación. Y entre todas las formas comunicacionales, la de la expresión escrita es definitiva para su posicionamiento, el manejo de su imagen y su capacidad de influir en el mayor número de personas posible.

El valor de la frase «a uno lo leen» es cierta de manera literal. La gente lo ubica a usted de acuerdo a lo que transmite en sus mensajes escritos.

Es decir, su forma de escribir es una herramienta de influencia poderosa. Espero que lo reconozca, para que pueda maximizar sus oportunidades de influenciar, a través de su forma y estilo de escribir.

Pero la influencia de la comunicación escrita no se mide por sí misma. Se mide en la intencionalidad y en el máximo aprovechamiento que usted mismo le dé a sus mensajes escritos.

Si la mitad del tiempo que un profesional transcurre en una entidad la aplica al oficio de escribir, debe ser consciente de su capacidad de influencia, si utiliza bien ese recurso de comunicar los mensajes virtuales escritos.

La comunicación escrita no puede ser una simple repetición de frases previsibles, «de cajón», que la conviertan en una expresión robotizada y automatizada, que no transmite nada nuevo, ni interesante.

La capacidad de influir tiene que ver con todo lo que el líder *es*. No con lo que sabe, tiene o hace.

El *Diccionario de la lengua española de la Real Academia Española*, afirma que influencia es:

> Influir: 1. Dicho de una cosa: Producir sobre otra ciertos efectos; como el hierro sobre la aguja imantada, o la luz sobre la vegetación. 2. Dicho de una persona o de una cosa: Ejercer predominio, o fuerza moral. 3. Contribuir con más o menos eficacia al éxito de un negocio. 4. Dicho de Dios: Inspirar o comunicar algún efecto o don de su gracia.

Según el «gurú» de liderazgo a nivel mundial, John Maxwell, en su libro *Las 21 leyes irrefutables del liderazgo,* una de las leyes básicas para un líder de alto impacto es la de la influencia. Maxwell dice: «La verdadera medida del liderazgo es la influencia, nada más, nada menos».[3]

Estoy de acuerdo con Maxwell, en esto y en todos sus conceptos. Tengo todos sus libros. Me encantan. Enseño sus principios en las entidades donde dicto capacitaciones y soy la promotora número uno de sus libros, son muy buenos.

Pero como mi enfoque hacia un liderazgo de alto impacto es la comunicación y, en este caso, la escrita, puedo decir sin lugar a dudas que una de las mayores herramientas para influir con que cuenta un líder es la de sus mensajes escritos.

Desde que llega a su oficina, hasta que se despide, el líder debe escribir mensajes a su gente. Cartas, informes de gestión, instrucciones... de todo. Y es con la asertividad, persuasión y contundencia de sus mensajes, que se mide su verdadero nivel de influencia.

Es decir, que la comunicación de alto impacto y la influencia van de la mano, como las mejores aliadas. Aunque puede haber líderes que no escriben, sino que son puramente operativos, puedo decirle que por lo menos el ochenta y nueve por ciento de los líderes, en cualquier campo de acción, escriben y se comunican por medio de Internet.

Si comprendieran un poco más la capacidad de influencia que pueden adquirir a través de una comunicación escrita asertiva, utilizarían con mayor detenimiento esta herramienta, que puede ser un arma poderosa en sus manos para dirigir, guiar, convencer, ordenar, enseñar... e ¡influir!

Un buen líder sabe utilizar todas las formas de comunicación existentes para escribir mensajes a sus públicos, internos y externos. Cuando veo a personas de influencia me imagino, por ejemplo, que deben tener un muy buen *blog* donde escriben sus opiniones.

Me dispongo a buscarlo y ahí está, con sus columnas de mensajes de influencia, a través de los cuales saben dejar huella y llevar a otros a crecer.

Por eso, muchos los siguen. Por lo que comunican con inteligencia. Por lo que transmiten por escrito. Los leen y los siguen. Pura influencia. Por eso debe manejar un alto sentido de responsabilidad en cada frase.

Por eso debe aprovechar al máximo las herramientas virtuales a través de las cuales se puede comunicar e influenciar. Manos a la obra: Escriba con poder. Sus comentarios, aun los más breves, pueden influenciar a miles.

Y si le cuesta trabajo creer que usted podría ser un líder de influencia por medio de lo que escribe, por lo menos bríndese la oportunidad. Comience y verá los resultados. Escriba sobre aquellas cosas en las que usted considera que puede aportar a los demás e influir de manera positiva.

Mi padre me enseñó una clave casera, acerca de cómo comenzar, que le puede servir, se la regalo: «Para escribir... hay que sentarse a escribir».

Y la otra era: «Para escribir, hay que romper cuartillas, hasta llegar al mensaje que se quiere». Era en su época de la máquina de escribir Royal, inolvidable, cuando se entregaban los artículos en cuartillas.

En esta era virtual tan emocionante, donde todo está «internetizado», yo le diría: «Para escribir, hay que suprimir, suprimir, suprimir... hasta llegar al mensaje que se quiere».

Aproveche que hoy la edición es tan fácil y puede jugar con las acciones que le proporciona su computador. Conecte sus ideas con las letras y comience a influir. Usted tiene mucho que aportar por escrito.

CAPÍTULO 8

Expresión escrita virtual

- *Cómo* desarrollar una expresión escrita virtual efectiva
- *Claves* para entender la diferencia entre la redacción de textos impresos y la redacción virtual
- Correos electrónicos, sitios *web* y comunicación escrita digital y en línea

Las redes de Internet entraron con tanta fuerza al mundo de la comunicación que cambiaron todo el panorama de la escritura a nivel global. Ahora existen nuevas fórmulas para los mecanismos de los textos

Por eso decidí incluir este capítulo, que podría ser el material para un libro aparte. Pero no quise pasarlo por alto, porque la redacción virtual es lo de hoy.

Sin duda, no es lo mismo escribir para leer de corrido en el papel de una carta impresa, o en la publicación de un periódico o revista. No es lo mismo escribir en *el tiempo*, que en eltiempo.com.

La redacción virtual es distinta a la impresa. Son lenguajes diferentes para publicaciones de géneros muy distintos. Por eso es necesario conocer las diferencias, para que usted no escriba textos en Internet como si estuviera en la era de la máquina Royal, o en la de la pluma en el tintero.

La herramienta del Internet exige que la forma de redactar sea mucho más clara, breve, rápida y sencilla, que cualquier otra manera de comunicación escrita.

Pero debemos aclarar algo: aunque cambien y se modifiquen los medios y los mecanismos, los principios de la comunicación escrita siempre serán los mismos.

Aunque avancen la informática y los sistemas, los principios de la comunicación no varían. Sólo cambian los medios y herramientas para transmitirlos. Y a ellos sí debemos adaptarnos con rapidez, en forma cada vez más acelerada y cambiante.

Pueden modernizarse los recursos comunicacionales, los programas y las herramientas de transmisión de mensajes, pero no lo olvide: los principios para la comunicación escrita siempre serán inmutables.

Claridad, concisión, precisión, exactitud, sencillez, gracia. Son principios definitivos. Mucho más en lo virtual. Es decir, los principios avanzan, no se quedan obsoletos como el estilo. Porque en el plano digital del Internet, no sólo se necesitan todos estos principios de la comunicación efectiva, sino que se duplica la necesidad urgente de ellos.

Por ejemplo, los principios de brevedad y exactitud en el mundo virtual son una exigencia. No son elegibles. O usted escribe en forma abreviada y concisa, o sus mensajes están mandados a recoger. O mejor, mandados a la basura de cualquier computador. ¡A la caneca!

MODELO DE EXPRESIÓN

La redacción virtual es un nuevo modelo de expresión textual que exige un modo de escribir mucho más práctico y de vanguardia.

Pero, insisto, claridad, concreción, precisión, exactitud, brevedad, sencillez... serán los mismos siempre. Porque son principios fundamentales. No relativos a los cambios, tiempos, modas, tendencias o circunstancias.

Lo que sí cambia de manera abrupta, acelerada y vertiginosa, es la tecnología que nos atropella y nos exige con apresuramiento una forma actualizada y renovada de redactar.

Para ello, más que renovar los formatos, es necesario romper los paradigmas y cambiar la forma de pensar. Es como «resetear el disco duro» de su forma de pensar, para que cambie su manera de escribir.

En lo virtual, ya no pensará más en los clásicos modelos de «introducción, nudo y desenlace», tal como le enseñaban en el colegio como estructura para escribir un cuento.

En la redacción digital debe pensar en cuadros de pantalla. En textos de «flash». En correos que no se pueden demorar más de cinco minutos y por eso no permiten larguísimos saludos y despedidas retóricas, que quitan mucho tiempo e impiden la fluidez.

La sensación de transformar sus textos del sistema arcaico al virtual, es la misma que se experimenta al ver un programa de «cambio extremo» en televisión. Es como si estuviera ante una serie de *Discovery Human Health*, en la que le cambian todo el vestuario a una esposa que se aferra a sus blusas, faldas, chaquetas y jeans viejos, porque le «gustan», y son más baratos.

Pero cuando entran los diseñadores a su armario y le botan todas las prendas viejas y aburridas, logra un cambio impresionante, que no sólo le permite verse mucho mejor, sino que también le mejora la seguridad, la autoestima y la calidad de vida.

Cuando usted se conecta con una expresión escrita virtual directa y sencilla, siente que está parado en el lugar correcto, en la era adecuada y que la tecnología no le atropella.

Se sorprenden todos los asistentes a mis talleres cuando les digo que es posible lograr el equilibrio entre lo virtual y la belleza de la redacción. Rompen el paradigma de creer que escribir bien es sólo un asunto para libros o papel periódico.

La habilidad de la redacción virtual cotidiana consiste en conservar las virtudes de un buen escritor, aunque escriba una sola línea para enviar por correo de Internet en la empresa, o a un amigo.

En un párrafo virtual, conciso y breve, se puede ser no sólo altamente efectivo —como diría Stephen Covey— sino altamente inteligente, innovador, asertivo y persuasivo en la comunicación virtual de alto impacto.

Es cuestión de no dejarse entorpecer más por los sistemas y sentirle el sabor especial a esa nueva opción que tiene en frente. Salir de lo convencional. Comenzar a escribir en forma más compacta, directa y sencilla.

En las entidades donde conseguimos el cambio extremo en un grupo, siempre dicen un poco temerosos: «Muy bueno lo que logramos, pero ahora es necesario que todos en la empresa asuman esta metodología».

Tienen razón, esta transformación hacia una redacción virtual menos formal, más breve, directa y sencilla, debe ser asumida e implementada en su totalidad. Es para todos. De lo contrario, será muy difícil de conseguir un cambio cultural.

Porque al retirar el sistema arcaico, los que no quieren asumir la innovación de la redacción hacia lo virtual, tildarán de «groseros», ásperos e irrespetuosos a quienes escriben con mensajes directos y sencillos.

La tendencia del minimalismo, «menos es más», aplica mucho más a lo virtual que a cualquier otra forma de redacción. Es el valor de lo simple en todo su esplendor digital. Genialidad en línea.

Implica además ejercitar una habilidad mayor de escribir en forma más rápida y fluida, aun bajo presión de tiempo. Esto redundará, por supuesto, en una mayor productividad.

EJEMPLO

Para entender un poco la diferencia entre un texto de redacción impreso y uno virtual, mostraré algunos ejemplos de los que yo llamo «casos de la vida real» o el «reality» de la comunicación escrita.

Caso # 1

Redacción no virtual

Señores

Empresa X

Att.: Dr. Carlos Duque

Ciudad.

Respetado doctor:

Cordialmente nos dirigimos a usted para presentarle las explicaciones correspondientes a los problemas sucedidos con su tarjeta de débito, la cual quedó bloqueada por haberse utilizado en repetidas ocasiones por su parte, esto presentó los inconvenientes propios de un bloqueo de la respectiva tarjeta, ya que el número de utilizaciones que usted aplicó, excedió el número de oportunidades a los cuales usted tiene derecho, por la ley.

Agradecemos su interés por comunicarse con nosotros y le reiteramos nuestra voluntad de servicio.

Si tiene alguna inquietud, no dude, por favor, contactarnos y le resolveremos sus inquietudes de inmediato.

Cordialmente,

Paulina Medina.

Redacción virtual

Señor Carlos Duque

Buenos días.

El bloqueo de su tarjeta de débito presentó inconvenientes. El número de utilizaciones se excedió.

Agradecemos su interés y esperamos servirle pronto.

Si tiene alguna inquietud, no dude en contactarnos.

Saludos.

Paulina Medina.

Los textos en una página *web*

Para ser ágiles en la redacción de páginas *web*, es necesario entender tres elementos decisivos en la comunicación virtual:

1. Espacio
   La información escrita en una página no puede ocupar más espacio del que puede recoger la pantalla.

2. Enlaces
   Los enlaces de información sólo se deben insertar al final de la página, para no perder al lector.

3. Amenidad
   Las imágenes, videos y sonido son herramientas clave para combinar con los textos. El redactor de sitios *web* puede combinarlos, como parte de su comunicación.

Comunicación escrita global

La expresión escrita contemporánea, transmitida por sistemas digitales y virtuales, está ligada a la globalización y en forma acelerada.

En el lenguaje virtual los textos son mucho más sencillos, con oraciones más simples. Todo debe partir de un párrafo matriz, con los elementos centrales de la información. Luego se pueden incluir los conocidos *links*, o enlaces, donde se destacan los elementos más importantes de la nota.

Al mismo tiempo, conectan con los complementos del texto principal. Esos enlaces, insertados dentro del mismo documento para evitar los escritos muy largos, son las llamadas anclas o *anchors*. Son enlaces interiores hacia una página. Ayudan a manejar, organizar y acceder al contenido de una página con facilidad.

La redacción virtual también permite la división del texto en bloques de pocas líneas.

Otro tema clave es la posibilidad de escanear mientras lee las páginas *web*. Lo más aconsejable es organizar la estructura de los artículos en varios niveles, con títulos que aclaren el contenido y lo hagan más sencillo.

Se da énfasis a aquellas palabras que llaman la atención e impactan al lector.

LA PRESENCIA DE HIPERTEXTOS

Respecto a los mecanismos de escritura virtual hipertextuales, uno de los autores más reconocidos, Nielsen, asegura que «la función de los hipertextos no es segmentar una información de una página *web* o una intranet en múltiples páginas, cuya carga no sólo dificultaría la lectura, sino también la impresión del documento».[1]

Prefiere enfocar algunos aspectos clave de la información, o una teoría acorde al tema, o cifras y datos paralelos.

La estructura del hipertexto debe centrarse en la necesidad de los lectores. Aquí el principio de la pirámide invertida sigue vigente: de lo principal a lo secundario. Para llevar al lector en forma inmediata al sentido del documento.

Para el lenguaje y el contenido, se debe utilizar un modelo de expresión escrita amigable y cercano, que contenga todas las características de la redacción profesional descritas en los primeros capítulos de este libro: brevedad en las frases, lenguaje simple, minimalista, claridad y sencillez. Para que las líneas del contenido sean fáciles y con un lenguaje universal, para el público global.

LOS CORREOS ELECTRÓNICOS (E-MAILS)

El correo electrónico es hoy una de las formas de comunicación más común y efectiva.

Como todas las herramientas virtuales, todo depende del buen o mal uso que se les dé.

Poco se sabe acerca de la etiqueta y el protocolo de la expresión escrita virtual. Lo que sí es claro es que si usted logra expresarse de la manera más adecuada y correcta, logrará mayor impacto y mejores resultados.

También puede ser definitivo el buen uso del correo electrónico para dar un manejo efectivo a su tiempo diario. Así será más eficiente y proyectará una imagen de comunicador asertivo de sí mismo.

El modelo «MADE»

Un proactivo jefe de área de una entidad me dio a conocer este modelo llamado MADE,[2] que me parece muy sencillo y ajustable. Además, muy acorde a lo que hemos aprendido sobre la expresión escrita.

Se trata de una fórmula (acróstico) que sirve como guía para estructurar un correo. Aunque la palabra *made* es del inglés, sirve en el español, si se aplica de la siguiente forma:

- **M**ensaje: Resuma el mensaje con un máximo de dos o tres frases.
- **A**cción: Indique qué acción requiere del cliente o qué acción va a tomar usted sobre el mensaje del cliente.
- **D**etalles: Responda a las preguntas: ¿qué?, ¿cuándo?, ¿dónde?, ¿por qué?, ¿cómo? y ¿cuánto?...
- **E**videncia: Aquí van los anexos, pruebas, que dan soporte a la información que brindó previamente.

Protocolo y etiqueta del correo electrónico

Estas son algunas claves puntuales para tener en cuenta en la comunicación escrita de correos electrónicos (*e-mail*).

- Fácil: Un correo electrónico no puede ser largo y pesado de leer. La herramienta del Internet está pensada para dar mayor agilidad, facilidad y rapidez a la comunicación. Pero a veces se torna más compleja y formal que una carta impresa en papel.
- Práctico: Su correo electrónico debe responder a todas las preguntas que reciba en el mensaje. Y estar listo de antemano

para responder a la réplica que le van a enviar luego. La proactividad es una virtud que se puede maximizar con la comunicación escrita virtual.

• Limpio: Aunque los mensajes sean más informales en Internet, se debe tener el mismo (o mayor) cuidado con la ortografía, reglas gramaticales y de puntuación. Por el facilismo y la rapidez del *e-mail*, los escritores cotidianos se descuidan un poco (o mucho) con la limpieza del texto.

• Amable: Las mayúsculas sostenidas no son recomendables dentro de los mensajes virtuales. Porque, en primera instancia, no permiten leer bien el mensaje. Pero además, porque está visto que la gente lo relaciona con una forma de escribir ¡GRITADA!

• Sin «ruidos»: Los fondos con elementos decorativos para llamar la atención, parecen divertidos, pero pueden verse como «arandelas» innecesarias.

Se pierde la elegancia y formalidad de la comunicación. Sobre todo si se trata del ámbito ejecutivo y profesional. Genera «ruidos» en el mensaje. Además, se aumentará el número de *bytes* a transmitir. Esto hace más lentas las conexiones a Internet.

• Saludos sencillos: Los saludos de bienvenida son muy importantes y necesarios. Sobre todo al comenzar un nuevo asunto o mensaje.

Salude con respeto y gentileza, pero de manera sencilla. No es necesario incluir todos los protocolos de saludos de la comunicación impresa.

Pero si se trata ya de un intercambio de mensajes, con muchos envíos al mismo correo, en una seguidilla de mensajes dirigidos a la misma persona y sobre el mismo asunto no es necesario saludar cada vez que se envía una respuesta o comentario.

Evite el consabido «Hola» para saludar en todos sus correos, porque ya está muy común y le quita seriedad a sus mensajes. Invente un saludo propio, innovador, agradable y respetuoso, pero cálido y de alto impacto.

- Serie ordenada: Cuando se trata del intercambio de varios mensajes seguidos dentro de la misma conversación, incluya toda la serie acumulada en el mismo archivo.
  Facilite a todos los involucrados el seguir la conversación. Es una medida de orden muy útil para todos los que reciben grandes cantidades de mensajes en su día a día.

- Sin distracción: Las frases demasiado «motivacionales» distraen al lector del propósito principal del mensaje. Trate de mantener una comunicación escrita virtual serena y sobria. Esto hablará bien de usted y será más agradable a sus lectores.

- Despedida efectiva: Para despedirse en un mensaje de correo electrónico no necesita decir frases largas y muy formales, como si se tratara de una clásica carta impresa, con mucho protocolo. Sólo necesita despedirse con una frase amable. Pero asegúrese de que esta lleve la acción del próximo paso.
  Que sea una despedida efectiva, con una invitación a continuar los procesos y a generar valor agregado. Algo como: «Especial saludo. Espero sus comentarios» o «Gracias. Lo llamaré pronto», o «Saludos. Seguiremos en contacto».

- Información personal: La firma debe llevar su nombre completo, y además ir acompañada de los datos necesarios para que el receptor lo identifique y pueda contactarlo. Incluya el nombre de la entidad, el cargo, teléfonos, dirección, página *web*.

- Revisión previa: Antes de indicar «enviar» al mensaje, la mejor opción es revisarlo bien. De esa manera evitará errores que, además de dejar una mala imagen suya, pueden traer riesgos y conflictos.

CAPÍTULO 9

Comunicación escrita con principios y valores

- *Cómo* reconocer los principios y valores fundamentales de un escritor, cualquiera que sea su disciplina o cargo. No son negociables
- *Claves* para entender que, además de saber escribir con técnica y desarrollar las habilidades propias de un buen escritor, es necesario escribir con ciertos principios que comuniquen, más allá de los conocimientos, los valores que usted transmite en cada uno de sus textos

Un comunicador puede darse el lujo de fallar en la técnica, de no ser perfecto en el estilo. Pero en lo que no puede darse el lujo de fallar es en la transmisión de los principios y valores corporativos y personales dentro de cada una de sus líneas.

Puede mostrar vicios de gerundios o terminaciones en «mente», pero no puede tener vicios en la integridad o el respeto.

Los principios y valores universales de un escritor cotidiano son:

1. Respeto
2. Integridad
3. Transparencia
4. Confiabilidad
5. Honestidad
6. Amabilidad
7. Cordialidad
8. Humildad
9. Sencillez

Los principios y valores corporativos son:

1. Profesionalismo
2. Trabajo en equipo
3. Emprendimiento
4. Sencillez
5. Colaboración
6. Sentido de pertenencia
7. Innovación
8. Pasión
9. Ingenio

Los nueve primeros, relacionados con los principios y valores universales, no son relativos ni negociables. Los nueve del segundo grupo, son más relativos a la entidad, a su visión y a su misión.

Pero en cualquiera de los dos casos: los universales y los relativos, los principios y valores deben ser el soporte de todos los textos de un escritor cotidiano en cualquier entidad.

Sin ellos, todo lo demás no pasa de ser una buena técnica o metodología para escribir bonito, pero sin una estructura de base fundamentada.

Si analizamos cada uno, encontraremos la importancia de permanecer con la mirada fija en ellos, como un faro de luz que lo mantendrá avanzando firme hacia la meta, sin dejarse llevar por otras «luces» que lo desvíen hacia antivalores de la comunicación escrita, como la corrupción, el irrespeto o el maltrato.

Si analizamos los principios y valores universales mencionados para la vida cotidiana de un escritor ejecutivo, encontraremos varias razones para fijarlos como nuestro centro de operaciones.

PRINCIPIOS Y VALORES UNIVERSALES

1. Respeto

En la expresión escrita, el respeto es un valor definitivo. Sobre todo en la comunicación virtual.

El respeto debe ser parte de su ADN como redactor. Respeto es, en resumidas cuentas, escribirle al otro como a mí me gustaría que me escribieran. Sin agresiones.

El respeto no se impone con textos autoritarios y agresivos. El respeto se gana con mensajes dignos. Se infunde.

2. Integridad

La integridad, en la comunicación escrita, consiste en ser consecuente en todo lo que redacta, de tal manera que se note la congruencia entre lo que piensa, lo que siente y lo que dice por escrito. Eso es ser un escritor íntegro.

Por lo general, la falta de integridad en las entidades públicas y privadas hoy en día conduce a unas comunicaciones inconsistentes, en las que se nota el viejo refrán popular: «el cura predica, pero no aplica».

Porque un líder que escribe debe mostrar con sus hechos lo que declara por escrito. O al revés, debe declarar con sus hechos lo que imprime en sus escritos.

Porque el resultado de no escribir y comunicar con integridad es la pérdida de la confianza.

3. Transparencia

El valor de la transparencia consiste en ser un escritor que, como dice otro viejo proverbio, es «un libro abierto» que todos pueden leer sin impedimentos.

Cuando la persona es íntegra y honesta, se puede decir que se comunica de manera transparente. Y no hay nada que genere más seguridad, paz y tranquilidad en los lectores que la transparencia.

Consiste también en dejar ver todos los factores de la comunicación sin reservas. La persona que escribe con transparencia permite ver, como en un río de agua clara y cristalina, todos los elementos de su mensaje, sin tapujos, disimulos, astucias o pretextos.

4. Confiabilidad

El escritor confiable es aquel en quien se pueden depositar las ideas más profundas, confidenciales y discretas. Escribe con prudencia.

No se excede en ninguna frase y es exacto en las cifras. Su manera de comportarse en los escritos, sobria y tranquila, transmite confianza al lector.

La persona confiable en las empresas mantiene un lenguaje discreto, calmo y muy equilibrado. Es por eso que los líderes siempre le piden que escriba los informes más serios y delicados. Incluso los discursos.

5. Honestidad

La honestidad es aquella virtud que lleva a los escritores del día a día a hablar las cosas más difíciles con un manual de ética y moral.

Su código de honestidad es tan impecable que no les permite, por ejemplo, «maquillar» un informe. Aunque lo despidan de su empleo.

El escritor con honestidad es a la vez íntegro y transparente. Habla con claridad, sin tapujos ni confusiones. Mucho menos manipulaciones. Para él, las cosas se escriben como son.

6. Amabilidad

El escritor amable es el que se hace amar.

No importa la edad o el cargo que maneje. La cortesía es una parte vital de sus textos. Es de los pocos escritores que logra romper los paradigmas en torno a la gentileza.

El primero es: «Ser amable es hablar con un lenguaje arcaico y rebuscado». Porque eso es una mentira muy extendida a nivel de textos profesionales. La amabilidad y la sencillez van de la mano.

El segundo es: «No puedo ser amable porque pierdo la autoridad». Esa es otra mentira creída como verdad. No la podemos aceptar más. Claro que se puede ser amable en todo lo que se escriba, y mantener la autoridad.

Es más, la amabilidad en la comunicación escrita es sinónimo de autoridad y grandeza.

7. Cordialidad

Un escritor cordial siempre saluda y se despide de la manera más atenta y afable.

Sin tener que utilizar el consabido «Cordialmente me dirijo usted», o el «Comedidamente le reiteramos nuestra voluntad de servicio», o el «de acuerdo a su solicitud, me permito enviarle...» La cordialidad no enmohece.

Puede ser muy actual, innovadora, original y cero arcaica. Compruébelo usted mismo.

Mientras mantenga el valor de la cordialidad en todo lo que escribe se le retornará, como una de sus mejores inversiones, en pura ganancia en todos sus escritos.

8. Humildad

Esta virtud consiste en que, cuando el escritor se equivoca, reconoce su falta.

También, cuando él es el número uno, lo reconoce sin rodeos ni timideces porque está claro de todo lo que es, sabe y conoce, sin «orgullo de humildad». No posa de servil y sobreactuado en humildad para que le crean.

Al contrario, se muestra con libertad como experto y «chicanea» con su hoja de vida o su experiencia porque sabe que está puesta al servicio de todos y que siempre será un buen facilitador hacia los demás en la entidad.

Y la mayor muestra de humildad de un escritor empresarial es reconocer cuando otros lo hacen mejor que él. No importa si son sus subalternos. Sabe agradecer por escrito. Exalta los atributos y talentos de otros y envía mensajes de reconocimiento y motivación cada vez que lo considera oportuno.

9. Sencillez

La sencillez es igual a la madurez del redactor. Un buen escritor no le imprime retórica grandilocuente a sus textos. Sabe que la mejor forma de llegar a la gente es a través de los textos sencillos. Sin rebuscamientos. Ni complicaciones.

Pero también la sencillez es el valor de dirigirse a las personas por escrito sin tanto protocolo, saludos, despedidas, frases de etiqueta confusas y enredadas.

Es un valor que está lejos del «tapete rojo» de los textos. Que no dice cosas como «Excelentísimo señor» o «Comedidamente me dirijo a usted para proceder a explicarle», o «Por lo demás, quedo de usted atentamente». Sólo dice: «Señor tal...», o «Le explico», o «Espero sus comentarios, gracias».

En este valor, los norteamericanos son más claros que nosotros los latinos, tan dados al ornato de los textos. Aunque nosotros les damos cátedra en calidez, de ellos tenemos mucho que aprender en sencillez.

PRINCIPIOS Y VALORES CORPORATIVOS

1. Profesionalismo

El profesionalismo es un valor determinante en la comunicación escrita cotidiana. Implica proactividad y alto sentido de responsabilidad.

Una persona que escribe y se comunica con profesionalismo no espera a que otros le den órdenes sino que avanza con mensajes que edifican y generan valor. Se convierte en un asesor con criterio, que envía mensajes con criterio. Más allá de «hacer bien la tarea».

2. Trabajo en equipo

El trabajo en equipo es un valor que necesitan los que se comunican por escrito porque en los mensajes virtuales vía intranet e Internet que se transmiten hoy la comunicación es en redes.

El que sabe comunicarse con este valor no busca jugar solo en el equipo, sino que les transmite los mensajes a otros compañeros para que ellos hagan la jugada maestra. Y entre todos metan el gol. Las figuras individuales de la expresión escrita están mandadas a recoger.

3. Emprendimiento

El emprendimiento implica determinación y decisión inteligente para comunicarse. La persona que escribe a través de ese principio no se detiene en mensajes enredados y confusos.

Todo lo escribe para lograr resultados. Y siempre avanza a emprender nuevos aciertos, con su estilo de comunicación escrita muy hábil y práctico.

4. Sencillez

La sencillez es el principio que permite vivir con tranquilidad y sin asomos de arrogancia que sobrecargan la comunicación y la vuelven insoportable.

En algunas entidades, los mensajes de hoy a nivel organizacional están bastante recargados de prepotencia y arrogancia.

Debido a una cultura comunicacional altiva, las personas viven en un ambiente insoportable que genera estrés e inconformidad. Saben que el próximo mensaje que les llegará será igual o más insoportable que el anterior.

5. Colaboración

El principio de la colaboración determina el éxito o fracaso de la comunicación.

Si no existe un espíritu colaborativo, los unos y los otros terminarán metidos en sus cajas de autoengaño, y creerán que no deben colaborar ni compartir sus comunicaciones porque tienen miedo de que abusen de ellos con sobrecarga de trabajo.

Este tiene que ver con el principio universal de la siembra y la cosecha. La persona que colabora con unos mensajes escritos abiertos, dispuesto a servir al otro, que da respuestas rápidas y no se guarda la información sino que la envía pronto, siempre recibe de los otros lo que siembra: colaboración.

6. Sentido de pertenencia

Escribir con sentido de pertenencia es estar dispuesto a comunicarse con la camiseta de la entidad bien puesta. Conoce los valores, la misión y visión de la entidad, los vive día a día y los transmite a la gente por medio de mensajes que inspiran a comprometerse con las metas estratégicas y los objetivos trazados.

El sentido de pertenencia permite que la persona escriba textos en los que habla de «nosotros», «tenemos», «hacemos». Transmite cercanía, amistad y felicidad en el lugar donde se encuentra.

Además, busca que todos se sientan identificados con los propósitos de la entidad y los motiva a pertenecer a ellos.

Con relación al sentido de pertenencia como un valor urgente para las nuevas generaciones de comunicadores, quiero resaltar la opinión de un importante escritor colombiano, amigo y colega que admiro, David Sánchez Juliao, expresada en una de sus charlas sobre el tema:

> Para producir, para enfrentar el avance de las nuevas tecnologías, para insertarnos adecuadamente en el proceso de la actual corriente globalizante, y para lograr ser felices, es preciso afianzarnos en lo que somos, reconocernos y valorarnos. Tal actitud logrará el que podamos dialogar de tú a tú con el resto del planeta, pero desde una perspectiva de afirmación y de orgullo propios.[1]

Existe un sinnúmero de anécdotas y de historias regionales, cargadas de humor las más de ellas, que ilustran estas actitudes de desprecio y de falta de orgullo por lo propio, de escasez de sentido de pertenencia, de ausencia de identidad y de bajos niveles de autoestima.

Tales anécdotas, narradas en el contexto de la charla, intentarán ilustrarnos acerca de cuán ridículas resultan muchas de nuestras actitudes... y acerca de qué bien podríamos sentirnos si elaboramos los complejos y empezamos a abordarnos con orgullo y optimismo.

7. Innovación

Este valor ya lo tratamos en un espacio especial de este libro, porque lo considero clave para las nuevas generaciones de escritores ejecutivos que necesitan innovar en todo lo que comunican para poder competir y que no los saquen del campo de juego.

Sólo agregaría aquí que para que la entidad completa la transmita, la innovación en la comunicación se tiene que volver parte de la cultura organizacional.

Y a nivel personal también. El que no está dispuesto a innovar sus textos y su comunicación escrita en general, está próximo a ser reemplazado por alguien que transmita mensajes innovadores y llenos de vida.

8. Pasión

La persona que comunica con pasión sus mensajes escritos logra mayores resultados que la que escribe y comunica con apatía, con un estilo plano, monótono y aburrido.

Lo que diferencia a dos profesionales de una misma universidad, con la misma carrera, las mismas capacidades y conocimientos, no es lo que dicen —porque ambos dicen lo mismo— sino cómo logran transmitir lo que dicen.

La persona con pasión al escribir hace que los lectores se conecten de inmediato con su tema. Escriben mensajes, sean cortos o largos, con una energía contagiosa, que proyecta fuerza y ganas de continuar hacia adelante.

La pasión no es emoción desbordada al escribir. Es un valor que sale del interior de la persona y de la empresa, y se proyecta en todas los documentos, como una fuerza capaz de enfrentarlo todo.

La gente que tiene visión, escribe con pasión.

9. Ingenio

El valor del ingenio tiene que ver con la capacidad de análisis y nuevas ideas geniales que transmite por escrito el comunicador cotidiano.

El ingenio es una incubadora de las comunicaciones innovadoras y con alto valor agregado. El objetivo de un comunicador en sus mensajes siempre es brindar apoyo a nuevos emprendimientos dinámicos, potenciales y rentables, para que puedan cumplir sus metas y entrar en nuevos espacios de influencia.

Escribir con ingenio es ir más allá del día a día. Dejar fluir la creatividad y proponer nuevas ideas que pueden llegar a transformar la cultura o generar genialidades que produzcan rentabilidad.

CAPÍTULO 10

El estilo personal: la identidad y el perfil del escritor

- *Cómo* definir su identidad de escritor, su sello personal y único
- Originalidad, diferencial, «factor x», autenticidad
- *Claves* para alcanzar su estilo, desde su propia personalidad, temperamento, carácter y trasfondo

LA «TEMPERATURA» DEL ESCRITOR

A la «temperatura» interior de las personas según su forma de ser y de comportarse desde su nacimiento, es a lo que Hipócrates —el padre de la medicina en Grecia—, llamó el «temperamento» humano.

Durante los últimos veinte años he investigado sobre el tema y he dictado muchas conferencias al respecto en diversos espacios de influencia, auditorios académicos y empresariales.

El análisis detallado de los textos de cada uno de los profesionales en todos los grupos entrenados me llevó a concluir que esos cuatro temperamentos enunciados por Hipócrates definen en forma determinante el estilo de los escritores.

Se escribe desde el *ser* interior. No sólo desde el saber, el tener o el hacer.

Cada texto muestra la actitud y comportamiento de la persona, su propia forma de ver la vida y de resolverla. Por eso se dice, en sentido figurado, que a uno lo «leen» según su forma de comportarse y sus actitudes. Y el mejor punto para entender esa «lectura» del ser de un individuo es su comunicación.

En el día a día de una persona que desarrolla sus metas bajo presión es cuando más se nota el estilo personal. Es decir, la manera de responderle a la vida, a las responsabilidades, al trabajo en equipo, a la inteligencia emocional.

Cuando leo los escritos de personas de la alta gerencia de una entidad financiera o del sector real, me sorprende esta realidad del ser, plasmada en las letras. Allí es donde se encuentran todos los perfiles y estilos.

«EN UN VASO OLVIDADA, SE DESMAYA UNA FLOR...»

Al iniciar cada taller de expresión escrita, hago un ejercicio que muestra en forma sorprendente este tema de los temperamentos y los estilos.

Se trata, para realizar un primer diagnóstico, de un juego divertido y sencillo pero muy profundo y certero en los resultados.

Esta dinámica lúdica, que además siempre sirve para derretir el hielo inicial de un seminario o taller, consiste en dictar una frase y que todos los participantes la escriban un mínimo de cinco maneras diferentes.

La frase es, como en la poesía del poeta Rubén Darío: «En un vaso olvidada, se desmaya una flor...»[1]

Mi papá la utilizaba también con sus alumnos de redacción y fue uno de los ejercicios que más me marcó de sus enseñanzas. Hoy la aplico al lenguaje actual, virtual y organizacional, en una versión actualizada y ampliada, con increíbles resultados.

Después de dictar la frase, todos en silencio comienzan a escribir su lista de opciones. Transcurren quince minutos, por reloj. Al concluir el juego, todos leen lo que escribieron. Uno por uno. ¡Es impresionante escuchar las cosas que dicen! Ellos mismos se sorprenden con el resultado. Hasta descubren unos a otros ese lado creativo que no conocían de sus compañeros. ¡Ni de sí mismos!

Al terminar la jornada, se concluyen dos cosas. La primera conclusión es que nada está escrito en piedra.

Hasta el inmutable y absoluto decálogo de los mandamientos de la ley de Dios, dictados por Él a Moisés, que fue escrito en tablas de piedra. Este las rompió y las volvió a escribir, por orden del mismo Dios. Claro que al escribirlos de nuevo, no perdieron su esencia, ni su contundencia eterna. Como dice el filósofo Fernando Savater, los mandamientos no son relativos sino absolutos. No son cambiables en la esencia, aunque pasen todos los siglos.

Por eso, en este caso, no era cuestión de cambiar el estilo perfecto de la redacción de Dios, sino la imperfecta y obstinada desobediencia humana.

El ejemplo sirve sólo para demostrar que, aun lo «escrito en piedra», se puede volver a escribir de diferentes maneras, incluso lo escrito por Dios.

La segunda conclusión es demostrar cómo, con la misma instrucción, la misma frase, las personas pueden escribir cosas completamente diferentes que no tienen nada que ver las unas con las otras. Porque cada uno desarrolla la idea desde su propio estilo, temperamento y personalidad.

Y allí aparecen los perfiles. Me emociona este ejercicio. Es muy especial ver a los ejecutivos sorprendidos por el resultado.

ESTILOS

Juiciosos: Dicen la misma frase en cinco formas muy alineadas, sólo le cambian el orden a las palabras y punto. Estos son los aplicados, hacen bien la tarea, son los «juiciosos», que sólo se limitan a cumplir la instrucción, al pie de la letra. Sin preocuparse por ser creativos, originales o de alto impacto.

Sensibles: Dejan salir su lado poético, romántico, y desarrollan composiciones bellísimas. Y todo el grupo termina llorando al lado de ellos, porque son capaces de tocar las fibras más sensibles del alma. O sacar a flote los suspiros más hondos.

Creativos: Inventan palabras ingeniosas, llenas de matices, verbos, adjetivos, que nadie les dictó. Pero les fluyen de manera natural. Son los de la tendencia al realismo mágico «garciamarquiano».

Cronistas: Crean, de una simple frase, una novela completa, un cuento o una crónica de muerte anunciada.

Metódicos: Sólo quieren desarrollar un ejercicio perfecto, en métrica y orden, sin desmedirse en la expresión. Todo está escrito como con gomina. Cada palabra tiene un justo y sobrio lugar. Digno y equilibrado.

Analíticos: Siempre buscan la causa y el efecto, convierten todo en un informe racional, muy lógico, pragmático. Explican con detalle el porqué de las cosas. Son asesores por naturaleza. Generan valor agregado en cada oración. Líderes innatos. Escriben soluciones.

Diplomáticos: Son los amables, tranquilos, que no se esfuerzan demasiado para lograr unas frases célebres, gentiles, centradas y matizadas de diplomacia. Su capacidad de escribir está direccionada hacia las personas, la amistad y el servicio.

Humoristas: Tienen una chispa impresionante para hacer reír al lector, o por lo menos hacerlo esbozar una sonrisa con lo que escriben. Cuentan con una capacidad innata, superior, para conseguir que sus escritos sean un deleite de buen humor.

Dramáticos: Utilizan verbos y adjetivos con orientación a la novela de terror o de suspenso. Por lo general, muestran una tendencia a matar la flor, romper el vaso, hablar de sombras, tragedia y sangre. Son muy especiales en su forma de escribir. Se apasionan por una historia inverosímil, casi que de Franz Kafka o de Agatha Christie.

En rosa: Convierten la frase en una novela rosa de Corín Tellado. Hablan del abandono de la flor, de la tristeza profunda, del amor perdido y de los sollozos del vaso olvidado.

Gráficos: Siempre dibujan las ideas sobre el papel. En este caso, pintan la flor en posición de desmayo y el vaso. Nada más. No redactan, ni escriben una palabra, sólo ilustran la frase. Y casi siempre logran gráficos muy llamativos, con personalidad definida y trazos muy determinados.

MUCHO MÁS QUE GRAMÁTICA

Todo este análisis me ha llevado a entender que el oficio de escribir es mucho más que gramática y leyes ortográficas. Los textos empresariales, aunque estén metidos en formatos y lineamientos organizacionales, ¡también muestran el estilo propio!

Por eso insisto a los jefes, líderes, gerentes, vicepresidentes de áreas, para que no pretendan obligar a sus subalternos a que todos escriban como ellos. Cuando los corrigen, les exigen cambiar los textos, sin interpretar el estilo de cada uno.

Ese es un síndrome bastante común en las universidades con los profesores de buena voluntad, que quieren «corregir» a sus alumnos. Mucho más en las entidades con los jefes de buena fe, que quieren «enderezar» a sus subalternos cuando les corrigen los textos. Pretenden que todos escriban igual a ellos. Pésimo.

Porque el líder tiene un temperamento y los subalternos otro muy distinto. Por eso, su pericia como corrector de prueba de los informes y escritos de su equipo debería consistir en ser sensible al perfil de cada uno, para poder corregirlos y «leerlos» de acuerdo con sus temperamentos. Es el liderazgo situacional aplicado a la expresión escrita.

Entienda lo siguiente: ninguno va a escribir como usted. Si logra que todos escriban igual, los perdió en su esencia. Los robotizó. Los mecanizó y, lo peor, dejó de ser un buen líder receptivo para convertirse en un jefe autocrático e intransigente.

Con eso de líder receptivo me refiero al que sabe reconocer los estilos de su gente para maximizarlos. No sólo para corregirlos en forma rígida y cuadriculada, a su antojo y acomodo.

Es justo aquel que sabe tomar lo mejor del estilo de cada uno para empoderarlo y llevarlo al mejor aprovechamiento de su potencial. Desde su propia identidad y esencia individual. Magnífico.

PERFILES

Los cuatro temperamentos básicos diseñados por Dios para cada una de las personas, como su huella digital y descritos de manera magistral por Hipócrates son: sanguíneo, colérico, melancólico y flemático.

He visto que todas las mediciones habidas y por haber a nivel empresarial están basadas en esta tipología humana.

Les aplican diferentes colores, nombres, mediciones y diagnósticos. Las subdividen y diversifican en muchos más tipos, por sus mezclas o porcentajes pero, al final, todos concluyen en estos mismos cuatro temperamentos básicos.

Para efectos de aprendizaje, recordación y análisis de los tipos de escritores que se pueden encontrar entre los profesionales de una entidad, aquí les daremos nombre propio a cada uno.

También para que usted se identifique con alguno (y hasta dos o tres de ellos, en porcentajes). Pero siempre con uno que marca la pauta. No sólo para escribir, sino para todo en su vida.

Análisis de los cuatro temperamentos básicos de Hipócrates, aplicados a la expresión escrita:

Al revisar la tipología planteada por Hipócrates y aplicarla a la de los escritores —ejecutivos, profesionales, gerentes, vicepresidentes, presidentes, líderes corporativos, estudiantes y académicos universitarios—, encontramos:

1. Escritor de temperamento N° 1: Sanguíneo
   Vivaz, amable, emotivo, impredecible y chispeante.
2. Escritor de temperamento N° 2: Colérico
   Firme, serio, práctico, tajante y objetivo.
3. Escritor de temperamento N° 3: Melancólico
   Idealista, romántico, crítico, perfeccionista y analítico.
4. Escritor de temperamento N° 4: Flemático
   Tranquilo, lento, espectador, buena gente, pacífico y con un humor especial.

A los cuatro temperamentos básicos de los escritores corporativos y gerenciales les daremos un nombre propio en su perfil, para reconocerlos e identificarlos.

Perfil N° 1: Escritores con «calidez»

Son súper extrovertidos, saben «vender» las ideas. Siempre quieren agradar, no tienen problemas en relacionarse con la gente a la que escriben.

Aunque no son muy organizados en sus líneas, son originales, vivaces y llenos de propuestas inteligentes, innovadoras y vivaces. Saben persuadir y son muy amenos en sus textos.

Su inteligencia ingeniosa, innovadora y muy cálida los lleva a escribir enfocados en el «quién» de todos los textos, porque para ellos lo más importante es la gente y las relaciones.

Oportunidades de mejoramiento

- *Conseguir* el equilibrio entre la calidez extrema de sus párrafos y los resultados objetivos.
- *Apuntar* a los resultados, no sólo a agradar.
- *Escribir* cifras exactas y no divagar entre los calificativos agradables, que pueden resultar excesivos.

- *Organizar* las ideas en forma clara, sin tantos rodeos que no conducen a nada. Volverse concisos y precisos. No escribir demasiados párrafos en espiral y extenderse, sino ser puntuales.
- *Ser asertivos* para afirmar sí o no. Sin decir «sí» a todo por el afán de «vender» y persuadir, que es su mayor fortaleza. Pero puede convertirse en su debilidad.

Perfil N° 2: Escritores con «concreción»

Son directos, rígidos, estrictos, muy concisos y demasiado concretos. Tanto que a veces se leen como ofensivos e hirientes. Sólo les importa el resultado.

Apuntan al objetivo. No quieren agradar con sus palabras sino mover a la gente a ser productiva, a trabajar, no a relacionarse. La calidez no está entre sus prioridades. La sensibilidad les parece casi que estupidez.

Cada frase que escriben es como una espada directa a la yugular del lector. Todo lo que dicen apunta al objetivo. Nada sobra. Lo que se relacione con frases cálidas y amables les parece inútil y demasiado incongruente. Sobra.

Cuando hablo con ellos en los programas de aprendizaje, me dicen con certeza: «Yo soy demasiado directo(a), la gente cree que estoy bravo o regañando cuando escribo, pero no. Lo que pasa es que no sé escribir de otra manera».

Veo que, en verdad, piensan que son los demás los que están mal y los que no entienden nada, porque ellos están haciendo bien su tarea. Y punto.

Su inteligencia práctica los lleva a escribir siempre sobre el «para qué» en todos sus textos.

Oportunidades de mejoramiento

- *Conseguir* el equilibrio entre la autoridad extrema de sus párrafos y la amabilidad.
- *Apuntar* a la calidez y a la diplomacia.
- *Escribir* algunos adjetivos calificativos que maticen sus textos.
- *Permitir* la fluidez de sus ideas, sin tanta rigidez cuadriculada. No enfocarse sólo en los resultados. Aunque esa sea su mayor fortaleza, puede convertirse en su principal debilidad. Puede llegar a verse frío y obstinado.

- *Ser persuasivo,* tratar de «vender» las ideas y convencer acerca de las bondades y beneficios de lo que escriben. Permitir así el disfrute del día a día de los que lo leen y del suyo propio al escribir.

Perfil N° 3: Escritores de «perfeccionismo»

Son los superperfeccionistas, analíticos, detallistas, que cuando escriben sólo transcriben el análisis de los riesgos, las dificultades posibles y los problemas a tratar.

Sus párrafos dejan ver el vaso medio lleno y no medio vacío. Porque escriben con la mentalidad pesimista de su melancolía discreta, sigilosa, prudente y cautelosa.

Son gentiles, pero un poco formales y distantes en sus escritos. No les interesa para nada ser cálidos con sus lectores, sino que tienden más bien a ser los mejores críticos del área de trabajo.

Pueden también filosofar a profundidad sobre la visión, la misión, los objetivos y los valores de una entidad, con una profundidad en las líneas que pocos consiguen.

Su inteligencia analítica les permite llevar al detalle máximo un informe, con el «porqué» de todos los conceptos.

Oportunidades de mejoramiento

- *Conseguir* el balance entre el análisis minucioso de los riesgos y el impacto de una comunicación más propositiva, hacia lo positivo y no hacia lo negativo.
- *Apuntar* a las oportunidades de mejoramiento continuo en sus escritos, no a las debilidades y posibles amenazas.
- *Escribir* con frases que motiven y empoderen a sus equipos y a la gente que los lee, para generar ánimo y no desconcierto y desánimo.
- *Permitir* la fluidez de sus ideas, desde la parte alegre, amable y empática de su expresión escrita.
- *Ser contundentes* para escribir con frases empoderadoras, motivadoras. Sin decir a todo «no», por temor e inseguridad en la comunicación.

Perfil N° 4: Escritores de «diplomacia»

Son tranquilos en su redacción, apacibles en la transmisión de los mensajes y muy prudentes con la comunicación escrita en general.

Todas sus ideas y pensamientos están blindados por un teflón de diplomacia. No se siente en ellos ningún ánimo en sus líneas. Ni de calidez, ni de obstinación, ni de crítica. Prefieren los textos pacificadores, que promueven la tranquilidad.

Pueden pasar la vida, hasta jubilarse, con los mismos formatos de textos, sin preocuparse por nada.

A veces, esa fortaleza se les puede convertir en debilidad, porque podrían leerse como demasiado fríos, despreocupados, frescos y hasta perezosos, con falta de iniciativa y emprendimiento.

Su inteligencia es brillante. Porque la llamada «ley del menor esfuerzo», los lleva a desechar todas las ideas que sobran. De esa manera se convierten en los pensadores más atinados, centrados y agudos de cualquier empresa.

Su principal habilidad es la asertividad. Aunque ser asertivo implica un equilibrio entre la pasividad y la agresividad, y a ellos más bien se les inclina la balanza de sus escritos hacia lo pasivo, mantienen un tono muy equilibrado en todo lo que dicen, sin desmedirse en nada.

Los escritores diplomáticos saben quedar bien con todo el mundo, y la mayoría de las personas los aprecian mucho, porque sus comunicaciones escritas son muy apacibles y amables.

Su inteligencia tranquila, alejada del protagonismo y más cómoda con el bajo perfil, está dirigida hacia el «qué» de los textos. Sin cuestionar el cuándo, dónde, por qué y para qué.

Oportunidades de mejoramiento

- *Conseguir* el equilibrio entre la diplomacia y el pragmatismo. Incursionar con las frases emprendedoras para desprenderse un poco de la pasividad de sus textos.
- *Apuntar* al lenguaje directo y objetivo en busca de resultados. Aunque no le parezca tan «centrado» y se sienta un poco indeciso y temeroso, lo llevará a la efectividad, la eficiencia y eficacia de su comunicación escrita.
- *Escribir* con frases que animen a su equipo a un liderazgo proactivo, impulsado hacia los resultados contundentes.

- *Permitir* que fluyan las iniciativas de alto impacto, y no quedarse siempre en las mismas frases «de cajón», aburridas, perezosas y muy arcaicas.

- *Ser impactantes* para escribir con frases que se salgan de lo común y lleven al lector a una conclusión inmediata, sin lentitud ni pesadez.

EL CARÁCTER

El carácter del escritor también define su estilo. El temperamento es la tipología con la que nació porque Dios lo diseñó así: sanguíneo, colérico, melancólico o flemático,

Pero el carácter es la cara a la comunicación escrita. Está definido por su entorno, por aquellos asuntos que lo rodearon desde niño. Como la familia, el trato que recibió, el tipo de educación, los principios y valores y todo lo demás.

La palabra carácter viene de la costumbre romana de grabar la cara del César en las monedas romanas. Por eso se habla de «caracteres» en la tipografía. Son las letras que se graban sobre el papel en la impresión gráfica.

Cuando alguien escribe, imprime en las líneas su carácter. Más que un formato de palabras comunes, lo que se deja ver en un escrito es «la cara» del escritor, sus expresiones, sus pensamientos, ideas y sentimientos.

En un escrito se nota si el redactor es una persona con actitudes hostiles o cordiales. Si se comporta en los párrafos como un prepotente o si más bien es una persona sencilla y cordial, que sabe valorar a su próximo.

El carácter de los escritores organizacionales se nota cada día en sus correos virtuales.

TERMÓMETRO CULTURAL

Se nota en la cultura organizacional, cuando la comunicación escrita virtual es lo más parecido a una batalla campal, en la que los unos les contestan a los otros con una ráfaga de frases cortantes, ofensivas o defensivas.

Esta comunicación virtual en las entidades es uno de los mejores termómetros para medir las conductas en la cultura. Porque es en la comunicación escrita donde la gente deja ver todas las reacciones que reflejan sus sentimientos, comportamientos y actitudes.

Es allí, en los correos virtuales y los mensajes enviados, donde se puede medir, en su totalidad, para toda la compañía, cómo está el nivel de la comunicación entre las personas en la entidad.

Si desde las ocho de la mañana hasta las cinco de la tarde, que dura la jornada laboral, las personas se envían correos cortantes, defensivos, con copia al jefe, a todos los compañeros y al jefe del jefe, se sabe que existe una comunicación escrita «reactiva».

A esa cultura tan común ahora en las empresas y entidades, podríamos llamarla «todos contra todos». Casi que se podría comparar con una ametralladora de ráfagas incesantes, que cada uno lanza desde la propia «trinchera» de su computador personal.

CORREOS REACTIVOS

El vicepresidente de auditoría de un banco europeo en Colombia me dijo un día, después de tomar la capacitación en expresión escrita virtual: «Creo que logré llevar a la práctica esta enseñanza de no ser reactivos con los correos».

Y continuó: «Yo tenía que responderle a una persona un correo en el que me había culpado de manera injusta por un informe. Quise responderle enfilando todas mis baterías cargadas de furia con copia a su jefe, al presidente del banco y al comité ejecutivo.

»Pero después de escribirlo, rumiarlo, escribirlo más de diez veces mientras bufaba como un toro, echando humo por la nariz y los oídos, decidí detenerme, paré, pensé, respiré profundo, lo guardé entre los borradores y no lo envié».

Yo le pregunté: «¿Cuánto tiempo gastaste escribiendo ese correo?», me contestó: «Como dos horas, aproximadamente, porque se trataba de un tema muy delicado». Y le respondí: «La próxima vez, ni siquiera lo escribas. No pierdas tiempo. Reflexiona, para, respira y detente, antes de gastar tu tiempo en la reacción».

Ahora, cada vez que me lo encuentro, me recuerda esa situación y me dice que está feliz con la cantidad de tiempo que ha ganado, sin desgastarse tanto con esos correos absurdos que no resuelven nada, pero que le quitan mucho tiempo.

Me parece que el taller de expresión escrita le sirvió a ese vicepresidente de auditoría mucho más que para escribir. Le funcionó muy bien la fórmula de no ser reactivo, para moldear su carácter y desarrollar su inteligencia emocional en la comunicación.

Aunque también se pueden evidenciar el carácter débil, la falta de iniciativa y emprendimiento en los correos electrónicos. Una de las peores falencias de la comunicación empresarial es la de los correos que nunca se contestan.

El funcionario se desgasta escribiendo un informe de cinco páginas para toda el área, a la espera de la respuesta de, por lo menos, el veinticinco por ciento de las personas del equipo.

Pero ninguno contesta. No obtiene respuesta de nadie, porque aquí lo que existe es la cultura «paquidérmica», donde la comunicación parece más bien un elefante gigante, sordo y viejo en la mitad del desierto, que no se mueve ni porque lo empujen.

Este ya no es un problema reactivo, sino de pasividad y cultura del «quemimportismo». Es decir, nadie responde, porque no le importa. O porque no quieren comprometerse. Están metidos dentro de una «caja», como en la investigación del Arbinguer Institute.

Saben que si responden se van a comprometer, por lo que prefieren no contestar. Por eso no hay retroalimentación o el llamado «feedback» de la comunicación. Desesperante.

Creo que en este caso, el escritor virtual debe ser mucho más inteligente y sagaz, para saber cómo «vender» las ideas, de tal manera que no se las manden a la basura del computador. Porque en este tipo de culturas, la mayoría de las comunicaciones escritas terminan en la papelera. Corre el riesgo de que lo envíen al «trash».

En estos casos, tanto en el ámbito reactivo, como en el pasivo, se requiere, además de una capacitación en comunicación escrita, una transformación cultural de fondo, que lleve a las personas al mejoramiento continuo de su carácter.

INTELIGENCIA EMOCIONAL Y EXPRESIÓN ESCRITA

No es casualidad que el autor de los éxitos de librería sobre inteligencia emocional, Daniel Goleman, sea el redactor de la sección de ciencias de la conducta y del cerebro en el *New York Times* desde 1984. Es profesor y doctor de Harvard y editor de la revista *Psychology Today*.

Tengo todos sus libros en mi biblioteca. Me he sumergido en los últimos años en la investigación de la inteligencia emocional (IE).

Claro, aplicada a la comunicación y a la expresión. Y los resultados son de verdad fascinantes. Tengo unos procesos de aprendizaje empresarial y unos talleres dedicados al tema. Los resultados en las personas son impresionantes.

A partir de los diagnósticos en las personas y entidades, puedo ver que la comunicación está afectada por la falta de inteligencia emocional. Es decir, la falta de autoconocimiento, autorregulación y autocontrol de las personas.

Cuando las personas aprenden sobre sus perfiles y temperamentos y lo aplican a los escritos, ya tienen gran parte del camino avanzado. Pero la verdad, casi que es justo ahí cuando todo comienza.

AUTOCONOCIMIENTO Y AUTORREGULACIÓN

Cuando alguien se autoconoce a través del análisis que hemos descrito en las páginas anteriores y conoce cada uno de los perfiles personales, entiende que su forma de ser es demasiado rígida, por ejemplo.

Pero la inteligencia emocional consiste en saber que no se puede quedar ahí. Debe avanzar al mejoramiento continuo. Debe reconocer sus reacciones y respuestas emocionales para luego trabajarlas, de tal manera que logre vencer las debilidades propias de su perfil.

Autorregulación de las debilidades como escritor

- *Si es un escritor de perfil colérico*, en cuanto a la inteligencia emocional debe trabajar su debilidad de ser muy directo, a veces ofensivo, y comenzar a ejercitar día a día la calidez.
- *Si es un escritor de perfil sanguíneo*, respecto de la inteligencia emocional, debe trabajar su debilidad de no concretarse y comenzar a ser más directo, puntual, práctico y centrado.
- *Si es un escritor de perfil melancólico*, en cuanto a la inteligencia emocional, debe trabajar su debilidad de ser tan analítico y complejo para ubicarse en un estilo más sencillo, positivo y no tan crítico, perfeccionista. Recordar que lo bueno es enemigo de lo óptimo, y lanzarse a escribir.
- *Si es un escritor de perfil flemático*, en cuanto a la inteligencia emocional, debe trabajar su debilidad de ser indeciso, pasivo, temeroso y a veces perezoso, y tomar la determinación de ser proactivo en sus textos, mostrar innovación y salir de la rutina.

Autorregulación de las fortalezas como escritor

Pero también cada uno, al autoconocerse, comenzará a autorregularse no sólo con sus debilidades, sino también con sus fortalezas. De esa manera sabrá cómo posicionarse cual líder de alto impacto, a partir de su comunicación escrita asertiva y persuasiva.

- *Si es un escritor de perfil colérico*, en cuanto a inteligencia emocional, debe trabajar su fortaleza de ser objetivo, directo, práctico y resuelto.

  Podrá posicionarse como *escritor de resultados*.

- *Si es un escritor de perfil sanguíneo*, respecto de la inteligencia emocional, debe trabajar su fortaleza de ser excelente para relacionarse, para vender ideas de manera original y conseguir resultados de manera persuasiva.

  Podrá posicionarse como *escritor de innovación*.

- *Si es un escritor de perfil melancólico*, en cuanto a la inteligencia emocional, debe trabajar su fortaleza de ser aplomado, confiable e impecable en sus textos. Sus escritos son profundos, detallados y brillantes.

  Podrá posicionarse como un *escritor de alto nivel de análisis*.

- *Si es un escritor de perfil flemático*, en cuanto a la inteligencia emocional, debe trabajar su fortaleza de ser tranquilo y amable con todas las personas. De pensar con cabeza e inteligencia frías, no emocional, y ser capaz de no ofender a nadie.

  Podrá posicionarse como *escritor diplomático*.

El trasfondo también cuenta

No es lo mismo el escritor caribeño que el andino.

Cultura, ambiente, crianza, educación, familia, educación...

Además del temperamento y el carácter. Otro factor que define el perfil de un escritor es su trasfondo.

No es lo mismo un escritor de temperamento sanguíneo, melancólico o colérico, cualquiera que sea su temperamento, nacido en la zona andina que en la región caribeña. Jamás. Así como no es lo mismo leer a Vargas Llosa que a Gabriel García Márquez.

Vargas Llosa suena a montañas, zampoñas y tiples, a café, frío y nostalgia. Mientras que García Márquez suena a cumbias, tambores, gaitas, guayaba, olas y océano.

Ese «realismo mágico» de su estilo no se hubiera podido concebir sin la marcada influencia de su tierra de Aracataca, de Barranquilla y Cartagena.

Gabo es olor a guayaba, mariposas amarillas y todo el escenario de Aracataca, su tierra natal —la misma de mi padre Gonzalo y mi abuela América Fernández— del departamento de Magdalena, en Colombia, descrita en forma magistral en su libro *Cien años de soledad*.

Como en lo literario, así mismo uno puede medir en los textos de profesionales y ejecutivos de la alta gerencia empresarial, su trasfondo cultural y personal en los matices de sus textos.

Los párrafos de un ingeniero o de un abogado del Caribe son cálidos, vibrantes, con olas de ingenio. Sus ideas parecen concebidas como desde una hamaca colgada a la sombra de una palmera, en un atardecer, frente al mar.

Los textos de un ingeniero o de un abogado del interior son fríos, planos, con la firmeza de las montañas de la cordillera, como desde un paisaje encumbrado, impregnado de verdes. Sus ideas parecen concebidas debajo de la ruana, con aroma de café, en un amanecer frente a la inmensidad de la sabana.

También influyen en el trasfondo de un escritor cotidiano factores tan determinantes como la educación que recibió, el entorno familiar, la forma como lo criaron, la manera como lo motivaron desde niño, las cosas que le inculcaron. Todo lo que tiene que ver con su entorno.

Usted puede estar frente a dos escritores con el mismo temperamento y el mismo trasfondo regional, pero su carácter puede estar afectado por la forma como lo influenciaron en su familia, en el colegio y en la universidad.

Todos los factores externos e internos de la vida de un profesional, en cualquier disciplina, influyen en su forma de escribir.

La habilidad de un líder, jefe, profesor o consultor, dedicado a medir y empoderar el talento humano, debe estar basada en la forma de maximizar todas las fortalezas del carácter del comunicador y minimizar sus debilidades.

Al encontrar el equilibrio, usted podrá decir que es un escritor con estilo.

Algún día podrá ver por fin, como yo cuando mi papá me escribió sobre el reportaje en la revista *Diners* la inolvidable calificación marcada en letras rojas indelebles: «Ya tienes estilo propio».

CAPÍTULO 11

Los diferentes lenguajes

- Por áreas, disciplinas, cargos, profesiones
- *Cómo* detectar las debilidades y fortalezas de cada uno de los lenguajes profesionales
- *Claves* para transformar esos lenguajes, de acuerdo a las propias necesidades de redacción de cada oficio

ANÉCDOTAS

Ha sido largo el camino recorrido en los últimos años con los profesionales de diferentes áreas en las entidades.

En esta experiencia formidable he descubierto que, aunque son los mismos principios de la comunicación escrita los que deben aplicar y los mismos vicios que deben eliminar, en cada una de esas disciplinas existe un lenguaje muy particular.

Cada oficio evidencia unos paradigmas propios de su profesión. Por eso, aunque los talleres y procesos de aprendizaje sean los mismos, los dicto en forma muy distinta para el área de auditoría que para la de mercadeo, jurídica o servicio al cliente.

Como diría mi hija Angie: «O sea, ¡nada que ver!»

Por eso, una de las habilidades que he desarrollado durante estos años de entrenamiento con los profesionales, en la competencia de la comunicación, es conocer a fondo las debilidades y fortalezas del lenguaje de los líderes, según sus diferentes disciplinas y carreras.

No es lo mismo el informe de un ingeniero de sistemas que el de un abogado. Mucho menos el de un experto en mercadeo que el de uno en finanzas. Y ni se diga la diferencia entre un auditor y un psicólogo.

Cada disciplina maneja vicios propios de su lenguaje profesional. Aquí le relataré algunos de ellos, basada en las experiencias con siete de las áreas de algunas de las empresas más poderosas de Colombia y el exterior donde soy consultora:

1. EL LENGUAJE DEL ÁREA JURÍDICA

El lenguaje de los abogados se caracteriza por ser muy formal y bastante arcaico.

Los abogados de las entidades y universidades donde he enseñado mantienen en sus textos una forma de escribir muy compleja, que a veces nadie entiende.

Un poco en broma y un poco en serio, los compañeros dicen que escriben bajo el lema maquiavélico de «confunde y reinarás».

Pero cuando leo los escritos de sus trabajos creo que, en parte, tienen razón.

En una de las entidades más prestigiosas de abogados del país y a nivel internacional como es Baker & McKenzie, logramos un ejercicio extraordinario de transformación en la redacción de los abogados y de toda la entidad, a partir del diagnóstico de debilidades y fortalezas.

A petición de uno de las directivas, que me solicitó ayuda en el tema, comenzamos a transformar toda la cultura de la comunicación escrita.

No fue nada fácil. Ellos desarrollaron un ejercicio de «antes y después» en sus textos, que fue de verdad impactante.

Pasaron de los esquemas rígidos, con lenguaje octogenario, a un estilo más minimalista, sencillo, directo y, sobre todo, muy claro. Sin palabras retóricas ni conectores jurásicos.

El día que fui a hablar con Jaime Trujillo, justo estaba mirando un aprendizaje virtual —*a learning,* en inglés—, en que el capacitador decía lo mismo que yo enseño: «Los abogados deben salir de esa terminología pesada y confusa para entrar en una redacción más sencilla, que sea entendible y fácil de escribir».

Lo que he detectado es que existe un paradigma fuerte cuando pensamos que el profesional, aunque tenga veinticinco años de edad, debe escribir como un jurista de ochenta para que le crean.

Los jóvenes abogados escriben hoy como el profesor del profesor del profesor... Y ese lenguaje ya no aplica a la herramienta de la tecnología virtual.

El caso *Baker & McKenzie*

Baker & McKenzie es una de las entidades jurídicas más prestigiosas en Colombia y a nivel internacional.

Recuerdo que, en uno de los talleres, estaba un joven muy brillante, de excelente presencia y capacidad. Como la mayoría de esa empresa.

Después de leer su texto tan jurásico, fosílico y arcaico, plagado de conectores octogenarios que parecían escritos por su bisabuelo y no por un joven de la era del *chat*, le pregunté:

—¿Cuántos años tienes?

—Tengo veinticinco —me contestó.

—Pero si eres tan joven y usas corbata muy a la moda, verde ácido, ¿por qué escribes como si usaras corbatín?, —respondí.

Recuerdo que todo el salón, incluidos él y yo, nos reímos bastante del asunto.

Y la verdad, creo que ese día, y para siempre, se quitó el corbatín para escribir. Dejó de decir cosas como «evidentemente», «en efecto y en cuyo caso», «por lo cual», «cabe aclarar»... y pasó a los textos simples, amigables, muy virtuales.

Desde ese día decidí llamar a los textos arcaicos de los abogados, «con corbatín». Y a los renovados, «con corbata verde ácido». La recordación que esto les deja, para sensibilizarlos hacia el cambio, ha sido impresionante. Cambio extremo.

Recuerdo que Andrés Williamson, uno de los socios, al terminar el proceso de capacitación escribió en la evaluación: «Pensaba que este sería el día más aburrido, pero al final de la jornada, creo que ha sido el mejor viernes de mi vida». Genial. Gracias Andrés. Gracias Baker.

Necesidad

Los abogados y juristas necesitan actualizar su lenguaje, eliminar los arcaísmos, escribir con claridad y romper el paradigma de que deben comunicarse con exceso de formalidad para lograr resultados.

2. EL LENGUAJE DEL ÁREA DE SISTEMAS

El lenguaje de los ingenieros de sistemas, y en general de todas las personas de las gerencias y áreas de informática, se caracteriza por ser muy técnico, pesado e inentendible.

Cuando escriben un mensaje para personas de otras áreas, estas sienten casi como si les hablaran en idioma mandarín avanzado.

Por lo general, son de temperamento melancólico, analíticos, introvertidos y con un mapa de ideas complejo. Son personas que se comunican con dificultad.

Por eso, la gente los mira en las empresas como una especie de «genios extraterrestres». Porque son los que todo el mundo ve en la entidad como demasiado inteligentes y brillantes. Pero encerrados en su mundo interior. Ensimismados.

Los ingenieros de sistemas y la gente de informática son personas de una inteligencia casi superior. Hay que reconocerlo.

Pero tienen problemas con la comunicación, porque la mayoría de ellos son bastante introvertidos, cerrados y distantes. Aun en sus mensajes escritos les cuesta trabajo expresar sus ideas, y sobre todo sus sentimientos. Además, cuando están concentrados, se olvidan del mundo y sólo viven para las profundidades de la informática.

La gente de otras áreas en la empresa a veces se queja porque los textos de los asesores del área de sistemas son «demasiado técnicos», y poco se les entiende su idioma de siglas. Casi siempre en inglés.

El caso Quala S.A.

En una gran empresa multinacional colombiana llamada Quala S.A., participé durante dos años en un proceso de formación en habilidades comunicacionales para el área de informática.

El jefe del equipo, David Moreno, es un gran tipo. Con su carisma personal, su sentido de la responsabilidad y su capacidad de comunicación ha logrado romper el paradigma de la gente de sistemas, cerrada y distante.

David me pidió que entrenara a su equipo, por lo que tuvimos una de las experiencias más exitosas en capacitación de los últimos años en Colombia.

Todo el equipo de informática entrenado vivió un proceso de transformación impactante.

Recuerdo que un día, una de las jefes de recursos humanos quiso asistir a uno de los talleres con ellos y me dijo:

—El problema con los de sistemas es que uno les pide una explicación y lo dejan más confundido. Piensan que uno tiene que entender su lenguaje tan enredado y técnico.

—¿Y qué haces entonces si necesitas una asistencia en temas de computadores de tu área? —le pregunté.

—Busco el manual y veo cómo me defiendo —dijo de inmediato.

¿Puede imaginarse a una psicóloga de recursos humanos con un complejo manual de informática? Fatal.

Lo que más me sorprendió fue que a ella le pareciera más fácil y claro leer por su cuenta un manual que pedir una instrucción por escrito de uno de los genios del área en la empresa.

Pero ese día pude medir con exactitud la brecha entre el lenguaje técnico de la informática y el del resto de las personas de una entidad.

Gracias a Dios, después del profundo proceso de capacitación en asertividad, el equipo cambió su estilo de comunicación.

Hoy son un modelo en sistemas e informática para Latinoamérica. Cambio extremo. Felicitaciones a Quala, a David Moreno y a todo su equipo.

Necesidad

Los ingenieros y personas en general del área de sistemas deben aterrizar con su forma de escribir tan técnica y traducirla al lenguaje de todos los terrestres de la empresa, conseguir mayor acercamiento y apostarle a la calidez.

3. El lenguaje de la gestión humana

El área de gestión humana maneja, en inglés y en otros idiomas, un lenguaje con tendencia a la terminología de la capacitación, el desarrollo humano y el crecimiento del personal.

Leer a un miembro del equipo de recursos humanos, o gestión huma-na, implica tener que saber todo acerca de *coaching*, *reingeniering*, *e-learning* y mucho más.

Y cuando escriben con palabras en español, tampoco se les entiende, porque presuponen que los demás saben todo acerca de capacitación, orga-nigramas, salud ocupacional, selección, aprendizaje andragógico, y todas las áreas de su campo.

Por ejemplo, cuando realizan el proceso de inducción para una persona, le envían sus primeros correos explicativos de la entidad y sus procesos.

Los nuevos empleados se sorprenden con un lenguaje inentendible. Necesitan buscar la ayuda de alguien que se los «traduzca».

El caso Abn Amro Bank

Durante un programa de capacitación que dicté en el banco ABN AMRO en Colombia, aunque ahora ya no está en el país y en su lugar funciona el Royal Bank of Scotland (RBS), uno de los *head* (dirigente) o gerentes de área, en medio de un taller de comunicación, contaba un poco en broma pero muy en serio, la forma como lo recibieron durante el proce-so de inducción, en el área de recursos humanos, con unos mensajes muy particulares. Me dijo: «La verdad, uno entra a trabajar en una entidad del sector financiero, y desde el área de RRHH le explican cómo funciona la entidad, pero uno queda muy extrañado con el nuevo idioma que debe aprender. "Mira, esto es muy fácil: entras por *RAM (Risk Assesment Mana-ger)* pasas al área de *RIA (Risk Infrastructure & Analytics)* y luego puedes contactar a un miembro del equipo *GBM (Global Banking & Markets)* para que coordines la forma de presupuestar los *GTS (Global Transaction Servi-ces)*, hablas con el *RM (Relationship Manager)* y consigues la *GTS (Global Transaction Services)"*».

Con todas las letras pronunciadas en inglés, por ser un banco original de Holanda. Fue demasiado divertido escucharlo. Sobre todo porque lo hizo con una actuación perfecta.

El salón entero se reía del dramatizado y a todos nos quedó claro cuál es el lenguaje y la forma como se deben comunicar, tanto por escrito como en forma oral, los miembros del área de RRHH. Máxime cuando se trata de una entidad bilingüe.

Debo aclarar que Ximena Cárdenas, la gerente de recursos humanos del Abn Amro Bank (ahora RBS), es una de las mejores profesionales que he conocido en toda mi trayectoria al lado de vicepresidentes, gerentes y jefes de RRHH.

Gran amiga y profesional. Gracias a Ximena, a Claudia Olano, la gerente de capacitación, a todos los amigos y al presidente Fabio Castellanos. El alumno más juicioso y aplicado de todos. Excepcional.

Necesidad

La necesidad del área de recursos humanos es salirse un poco de su gran mundo ontológico de la capacitación, selección y la salud ocupacional, para entrar en el lenguaje universal de la compañía.

Ellos son los que más se deben comunicar con la gente de toda la entidad. Por lo tanto, requieren de una comunicación escrita con palabras muy universales, que apliquen a todas las áreas y contextos.

Además deben manejar expresiones amigables, cercanas, motivacionales, que lleven a la gente a sentirse como en casa. A generar sentido de pertenencia, pasión por la entidad y proactividad.

4. EL LENGUAJE DE MERCADEO Y PUBLICIDAD

El lenguaje de las personas del área de mercadeo es mucho más *play* [práctico] que el de recursos humanos, lleno de anglicismos.

Un ejecutivo de *marketing* vende a través de estos términos. Por eso le cuesta trabajo escribir de otra manera, porque está habituado a una cultura de esnobismos.

Busca impactar por medio de todos los adjetivos que emplea para calificar los productos o la organización donde trabaja. En sus textos se encuentran con frecuencias palabras como «maravilloso», «espectacular», «único», «el mejor», para darle más brillo a su asertividad.

En las empresas conciben a los de mercadeo como «los que siempre nos quieren vender». Y aunque no quieran, siempre escribirán con esa tendencia a «mercadear» las ideas y proyectos.

El caso Davivienda

En el Banco Davivienda, una de las entidades más grandes y prestigiosas del sector financiero de Colombia, enseñaba sobre la comunicación en el área de crédito.

En unas dinámicas muy interesantes, los participantes debían mostrar con unos dramas por grupos cómo funcionaba la comunicación en diferentes casos del área de crédito. En el día a día con otras áreas. De manera muy curiosa, los casos de todos los grupos mostraban situaciones de comunicación con el área de mercadeo.

Por lo general, los que revisan los créditos en un banco aprenden a encontrar los riesgos que los obligan a negárselos a los clientes.

Pero, por su parte, en la otra esquina, los funcionarios del área de mercadeo deben aprender a ser bastante persuasivos para convencer a los encargados de crédito para que los aprueben, ya que necesitan cumplir sus metas comerciales.

Eso sucede en todos los bancos y entidades financieras. En esa tensión entre las oportunidades y los riesgos se mueve la comunicación del área de mercadeo con respecto a los créditos y a casi todos los productos de la entidad.

Necesidad

Para lograr el lenguaje más asertivo y persuasivo que requieren los textos del área de mercadeo, es necesario que alcancen el equilibrio entre las oportunidades y los riesgos.

Para ello deben aprender, en algunos casos, a manejar la negación como un beneficio para el cliente. Saber decir no de manera propositiva e inteligente, es todo un arte en la comunicación escrita. En eso consiste la asertividad para mercadeo. En el justo equilibrio entre lo positivo y lo negativo. Entre lo pasivo y lo agresivo.

Pero creo que la habilidad que más necesitan desarrollar en sus textos es la de la persuasión. Deben convencer acerca de sus productos, y eso sí que es todo un arte. Se requiere de gran tenacidad. Los admiro.

Una sugerencia: Para convencer es necesario saber mostrar el valor agregado. Iniciar la propuesta por la necesidad. Luego, los beneficios. Y, de ñapa, el crédito será aprobado.

5. El lenguaje de servicio al cliente (SAC)

Este lenguaje es dirigido a la satisfacción del cliente. Todo le apunta a frases como: «Para garantizar su seguridad», «Estamos para servirle», «En busca de su bienestar»...

Su problema es, en la mayoría de los casos, la excesiva saturación de información que convierte sus mensajes escritos en una retahíla interminable de halagos.

Por lo general, escriben con un formato predeterminado por la entidad. En la mayoría de los casos, esos formatos están llenos de vicios de redacción. Lo he comprobado en los últimos años, con la transformación que le hemos dado a cada uno de los formatos de redacción del área de SAC en varias entidades.

El caso Telefónica Movistar

Durante un formidable proceso de desarrollo humano en las gerencias de comunicación y servicio al cliente de Telefónica Movistar en Colombia, la joven gerente de SAC, Milena Clavijo, tomó el taller de expresión escrita conmigo.

De verdad fue impresionante lo que sucedió allí. Los treinta y dos formatos de atención al cliente por escrito fueron transformados de un lenguaje un poco rígido, un tanto cortante, a uno más sencillo y directo, pero cálido y cercano.

Milena Clavijo quedó tan contenta con los resultados que quiso desarrollar, a título personal, un proceso de capacitación en redacción. Comenzó a conectarse con su pasión por escribir. Desarrolló a fondo las técnicas para la comunicación escrita.

Varias veces tomamos café en el World Trade Center de Bogotá, para escucharla hablar sobre su sueño de escribir. Le conté mis experiencias y la animé a seguir adelante con su pasión de escritora.

Mi sorpresa fue pocos años después, cuando la vi en el noticiero de televisión. Hablaba sobre el lanzamiento de su nuevo libro: *Trabaje en lo que le guste, no en lo que le toque.* Qué buen fruto.

6. El lenguaje del área financiera y de auditoría

El lenguaje del área financiera es, por obvias razones, enfocado en los resultados y la productividad económica.

Por eso utiliza muchas cifras y cuadros que hacen ver su comunicación escrita un poco fría, a veces confusa, para las personas que lo leen. Porque no todo el mundo entiende los asuntos financieros.

A la gente le cuesta trabajo manejar esos términos económicos de tasas, PIB, PYG, *budget* (presupuesto) y todas las demás siglas, a veces en inglés. Los ven un poco en jerigonza, lejos de su realidad. Incluso en los medios de comunicación, cuando el lector entra a la página económica de un diario o una revista, parece como si le hablaran en otro idioma, muy distante del común y corriente de las otras secciones.

El caso Helm Bank

Durante los últimos años, he entrenado a once promociones de «Helm University» del Helm Bank (antes Banco de Crédito), también a cientos de personas en los múltiples grupos de capacitación para el desarrollo de competencias y habilidades en comunicación efectiva.

De cada uno de los procesos podría relatar una anécdota. Pero para recopilarlas todas en una sola, tarea difícil, sólo quiero resaltar el cambio estructural de la comunicación escrita que ha logrado este banco en Colombia.

Del día en que llegué por primera vez, a darle el taller de expresión escrita virtual al vicepresidente de gestión humana, Jorge Guarín, extraordinario funcionario y amigo, y su equipo, a hoy, hemos avanzado con pasos de gigante en el proceso de transformación de la cultura comunicacional. Se percibe un cambio de real impacto.

La comunicación escrita del Helm Bank era antes mucho más formal. Desde mucho antes de que fuera el lema de su actual campaña, hemos trabajado en «el valor de lo simple...» en la expresión escrita. Hoy, gracias al excelente cambio de imagen y de marca, lo que comenzó como un aprendizaje comunicacional, es parte de la esencia de la entidad.

Siento que todo lo que he trasegado en la entidad ha valido la pena. En el Helm, más que un cambio, ha sido una revolución de la comunicación.

Cuando entré a trabajar los formatos de servicio al cliente con el equipo del vicepresidente Vicente Lacambria, me mandó a llamar para que transformáramos todos los formatos.

Hoy, los mensajes para los clientes —internos y externos— pasaron de ser bastante clásicos a los más modernos, dinámicos y sencillos. «El valor de lo simple» aplicado a los textos. Una experiencia vital.

Gracias a la visión de una mujer en la presidencia: Carmiña Ferro. Al accionar de un vicepresidente de gestión humana bien enfocado. Y a la labor de calidad del gerente de capacitación, Juan Pablo Lleras, impecable profesional, líder y amigo. Con gente valiosa a su lado como Fernando Correa y Hennry Vargas.

Gracias Helm Bank. Por «el valor de lo simple...»

El lenguaje de los auditores

El lenguaje de los auditores a veces parece un poco «policivo». Más de control que de asesoría. Por eso el tono se torna áspero y no tan agradable para los lectores, porque se sienten regañados y criticados en forma no muy cordial.

Aunque han tenido que cambiar mucho su comunicación escrita en los últimos años, los auditores aún conservan los rezagos de unos textos duros y fuertes que generan resistencia en sus lectores.

A partir de los muchos procesos que he dictado a vicepresidencias de auditoría, he encontrado que utilizan el lenguaje del «se». La mayoría de los informes incluyen frases como: «Se percibe...», «Se recomienda», «Se deben incluir...», «Se tiene que hacer...», «Se le tiene...»

Y descubrí que el problema no está sólo en lo que dicen, sino en cómo lo dicen. Por eso, ahora corrigen sus frases directas y un tanto ofensivas, cuando describen los hallazgos de problemas y situaciones negativas. Ya no los llaman «debilidades» o «errores», sino «oportunidades de mejora». Eso cambia todo.

El caso BBVA

Durante una capacitación a la destacada vicepresidencia de auditoría del Banco BBVA en Bogotá, asistieron más de cincuenta auditores entre jefes, analistas, gerentes y operativos.

En el grupo había personas con más de veinte años de experiencia en auditoría. Ellos son los principales promotores del cambio en el lenguaje rígido y poco claro del área.

La capacitación fue contundente para el cambio. Se transformaron los formatos de redacción de los informes. Y el resultado en la casa matriz española, con los nuevos informes y mensajes escritos mucho más claros, sencillos, concisos y precisos, fue contundente.

La casa matriz en España ya no tendrá que quejarse más con frases como: «No entiendo ese informe». Hoy los procesos de auditoría del BBVA, después del ejercicio de concientización en la comunicación escrita, no son los mismos.

El caso Bancolombia

Otro de los casos más sorprendentes en el cambio extremo de sus auditores con los procesos de cambio en la expresión escrita, ha sido el de Bancolombia.

Desde el primer ejercicio con la Fiduciaria Bancolombia y el equipo de Olga Lucía Fernández, excelente profesional, hasta el programa permanente dictado a la vicepresidencia de auditoría general de Bancolombia, durante los últimos cuatro años.

Con el doctor Arturo Penagos a la cabeza, el ejercicio de cambio, no sólo en el hacer sino en el ser, ha sido extraordinario. Comenzamos en Bogotá y lo hemos replicado con éxito en todas las gerencias de Medellín, donde se encuentra la sede principal.

Un día, en el ascensor, me encontré con el doctor Penagos y me dijo: «Gracias Sonia, la gente está feliz. Estamos muy contentos con los resultados del proceso de cambio. Hoy los informes son excelentes».

Creo que esa es una de las apreciaciones que más me han quedado grabadas en mi carrera de consultora. Si viene del criterio del doctor Penagos es, más que una calificación, un motivo de honra.

Necesidad

Para ser más claros y entendibles, los *financieros* necesitan traducir su lenguaje técnico de números, cifras y siglas económicas extrañas, al lenguaje de la gente común.

No es fácil. Pero es muy necesario. Aun cuando se trata de gente de su misma área o disciplina, la necesidad de escribir de manera más sencilla es vital.

No es sólo porque no los entiendan otros. También porque, al tratarse de cifras y resultados, los mensajes deben ser sencillos y prácticos, no confusos.

Para un financiero, las claves de la claridad, la concisión y la precisión son determinantes. Ellos deben escribir en forma matemática. Exacta.

Para ser más claros y entendibles, los *auditores* necesitan realizar informes más breves y concretos. No tratar de demostrar que hicieron la tarea de ir, verificar y luego escribir el informe.

Entrar en la dimensión del valor agregado, más como asesores de la entidad que como simples analistas que miran los problemas y los describen, pero no aportan nada más al caso.

Lo que un gerente o un área auditada esperan no es sólo que le digan que todo lo hizo mal. Sino que le ofrezcan un panorama de recomendaciones. Requieren una mirada más propositiva de la comunicación. Es decir, mencionar las situaciones, desde el lado positivo, no desde lo negativo siempre. Para ello es necesario, más que un cambio de los textos, un cambio en las personas. Y ellos lo lograron.

Felicitaciones, Vicepresidencia de auditoría Bancolombia. Un trabajo que puede ser modelo para todas las áreas de auditoría de Latinoamérica en la transformación de la expresión escrita de sus informes.

7. PLANEACIÓN ESTRATÉGICA

El lenguaje del área de planeación estratégica es bastante sistémico y práctico. Los textos e informes de los líderes y empleados de esta área en una entidad son muy gráficos, utilizan viñetas [*bullets*] y deben escribirse con numeraciones.

Por eso, su debilidad notoria es la falta de calidez.

Un gerente de planeación o un *P.M.O. (Proyect Management Office)* piensa y se comunica con un lenguaje un poco cuadriculado. Donde lo que prevalece es la ley de causa y efecto.

Sus informes están cargados de cuadros, organigramas, tortas y tablas en general. Por eso no se les facilita la redacción narrativa, fluida, descriptiva. Sino más bien los cronogramas.

El caso World Vision

Cuando ingresé a World Vision Colombia como directora de comunicaciones —luego fui asesora de medios para Latinoamérica y el Caribe— traía el lenguaje propio de una comunicadora, con años de experiencia como editora y periodista.

Escribía impactantes historias para recaudar fondos para la niñez, que llegaban a Australia, Washington, Nueva York, Los Ángeles... En total ciento veinte países del mundo y trece de Latinoamérica. Todo era perfecto.

Sentía una gran pasión por escribir crónicas de miles de muertes anunciadas en las vidas de los desplazados de todo el territorio nacional.

Pero la tragedia comenzó el día en que me pidieron que escribiera el documento de «Planeación estratégica» para entregar en la próxima reunión de gerentes de área. Duré más de una semana entera bloqueada con el tema.

No me gustaba ese lenguaje de objetivos estratégicos, visión, misión, valores, metas medibles, presupuesto, organigrama, funciones. ¡Por Dios! Era como tratar de escribir en mandarín avanzado sin haber tomado siquiera una clase.

Pasaron un par de años hasta que entendí cada uno de los conceptos. Y la forma de escribir con muchas viñetas. En un lenguaje muy articulado, sistémico, con cuadros y tortas, que antes me sabían horrible, pero poco a poco se me convirtieron en un dulce sabor de pragmatismo.

La palabra organizacional me parecía horrible. No la soportaba. Nada más difícil para una periodista acostumbrada a la desorganización de una sala de redacción de un diario, que hablar del «desarrollo organizacional».

Pero a punta de lágrimas y trabajo arduo, el director nacional, Edgar Flórez, logró hacerme entender que el lenguaje de la planeación estratégica era fantástico. Pude escribir con mucha fluidez documentos estratégicos geniales. Hasta que se metieron en mi esencia como escritora.

Hoy soy feliz de ser una redactora de «doble faz», capaz de escribir una crónica emotiva y sensible o un documento organizacional estratégico.

Mucho después, al entrar de lleno en el lenguaje de los *Power Point* [presentaciones computarizadas] y las presentaciones gerenciales, comencé a experimentar el efecto contrario. Me sentía un poco cuadriculada, rígida y encasillada. Había perdido la gracia, el «realismo mágico», la creatividad y el ingenio. Y lo peor: ¡la pasión!

Sólo hasta hace poco encontré el punto de equilibrio. El balance delicioso entre lo estratégico y lo sensible. El deleite de saber distinguir entre el lenguaje de una planeación estratégica y el de una novela.

Entonces ahora puedo escribir con mucha inteligencia los objetivos estratégicos de una entidad. Y asesoro a muchas empresas para que corrijan los textos de sus documentos de planeación, un poco confusos y con palabras pesadas.

Creo con firmeza que la redacción de planeación estratégica puede ser muy interesante, divertida y simple.

Gracias World Vision por el aprendizaje estratégico que marcó mi vida. Y hoy me permite marcar las de miles de profesionales.

Necesidad

La necesidad más urgente de la mayoría de los expertos en planeación estratégica es la claridad y la sencillez. Porque sus textos no admiten mucha narrativa, ni retórica, deben ser eso: estratégicos.

Por lo tanto, deben utilizar una redacción muy puntual, breve y concisa. Sin pretensiones literarias. Ni técnicas. Sino muy simple y transparente. Que lleve a los lectores a conectarse con el propósito y las metas estratégicas de la entidad, de su área y de ellos mismos. Lo demás, sobra.

CAPÍTULO 12

Testimonios y evaluaciones

- Selección de algunos de los miles de comentarios de los ejecutivos y líderes que han logrado una exitosa transformación «antes y después» de sus textos, con la metodología de alto impacto descrita en este libro
- Evaluación: Excelente
- Calificación: 5

Recogimos algunas de las evaluaciones y testimonios escritos a mano por los funcionarios de las más importantes entidades del sector financiero, industrial, petrolero, jurídico, gubernamental y universitario de Colombia y el exterior, donde la consultora Sonia González A. dicta los procesos de capacitación descritos en este libro. Los nombres de las entidades y funcionarios los mantendremos en reserva, por razones de confidencialidad.

—Excelente y ojalá se sigan dando estos espacios que permiten auto-retroalimentación y, a su vez, conocer más a fondo a otras personas con las que compartimos a diario. Excelente consultora.

—Excelente capacitación, aplicable desde todo punto de vista a la vida personal y profesional. La disposición es óptima para transmitir y comunicar el conocimiento.

—Excelente presentación y capacitación, muy útil y práctica, se debería implementar en todas las áreas del banco.

—Gracias al banco por esta hermosa oportunidad. Excelente consultora, muy profesional.

—Felicitaciones, excelente dominio del tema y del público. Eres una excelente comunicadora.

—Este curso es muy útil a nivel laboral y para todos los ámbitos en los que nos desenvolvemos. La docente muestra total dominio de la temática y total interés porque los participantes se lleven el contenido del curso en sus vidas.

—Fue un taller que me gustó mucho, me hizo dar cuenta de mis errores, me hizo mejorar la calidad de mis exposiciones. La actitud de Sonia fue excelente, muy buen dominio del tema, disposición total hacia el grupo. Es una persona muy hábil, logró muchos cambios en todo el grupo.

—Es un seminario excelente, permite comparar paradigmas, mejorar la autoestima y reflexionar sobre nuestras capacidades, y hasta donde podemos llegar.

—Ha sido el mejor programa o la mejor capacitación que hemos tenido en el banco. Me ayudó a saber comunicarme mejor con los clientes.

—Me parece fundamental. Este curso es la clave de las ventas. Excelente.

—Me pareció un curso excelente para mejorar la escritura y las relaciones con el público. La verdad es que superó todas las expectativas.

—Un curso sumamente efectivo, satisfizo mis expectativas y mejoró mi expresión oral en esencia.

—El proceso de cambiar hábitos en la escritura es complejo pero satisfactorio a la vez. Cuando identificamos nuestras áreas de oportunidad, generamos cambio. Este cambio nos brinda las bases para llegar a ser comunicadores efectivos.

—El taller de expresión escrita es el mejor vehículo para conseguir este objetivo. Creer que el cambio es posible es inherente a nuestra esencia humana. Con el taller obtuvimos los pilares de este cambio. Con estas bases sólo nos queda construirlo.

—El taller de expresión escrita me dejó las siguientes enseñanzas. El ser conciso y directo es una virtud, no es carencia de ideas. Muchas gracias, pocas veces se aprende algo tan valioso en tan poco tiempo.

—Una vez más me doy cuenta de que ser directo y puntual es mucho mejor para la claridad.

—Este taller me ha servido para dejar todos los malos hábitos desarrollados a través de la vida. Estoy muy satisfecho con mi nueva forma de expresión.

—El taller de expresión escrita es un valor agregado para tu vida. Aquí aprendes a escribir textos de una manera puntual, concreta y directa. El propósito del taller es dejar el formalismo de la época de los padres y los abuelos. El mundo evoluciona, nosotros evolucionamos, razón por la cual tenemos que cambiar nuestra forma de expresar lo que vamos a decir.

—Es un taller que saca lo mejor de cada persona.

—Un taller que nos hace reflexionar no sólo en la forma de escribir y poder plasmar nuestras ideas en un papel, sino también en lograr exprimir el más íntimo sentimiento del fondo del corazón y grabarlo en un papel.

—Es una forma de vida, es una catarsis emocional y mental, es un regalo que se va a quedar siempre en nuestro corazón y en nuestra mano.

—El taller de expresión escrita logró un gran impacto en mis textos. Siempre tendí a rellenar mis ensayos o trabajos, llevaba al lector a una confusión.

—Con el seminario me centro más en ser concreto y asertivo, que en ser prolongado y aburrido.

—Escribir bien es el mejor don que tiene una persona exitosa. Aprendimos, lloramos y nos llenamos de energía para ser los mejores gerentes comerciales. Nos sentimos orgullosos de pertenecer y recibir este taller lleno de sabiduría.

—Me encanta, de ahora en adelante pensaré para escribir. Dejaré a un lado las «vueltas» para poder concretar una idea. Eliminaré o al menos recapacitaré acerca de las «mañas» que tengo cuando escribo o hablo. Estoy convencido de que estas herramientas me harán un mejor gerente. Voy a implementarlo en todas las facetas de la vida.

—Fue un curso extremadamente efectivo. Actualización de reglas de escritura y seguridad en las presentaciones en público.

—El taller de expresión escrita fue muy importante para mi desarrollo personal. No sólo aprendí cómo impactar y simplificar un texto, sino también cómo hacerlo elegante y concreto de forma simultánea. Espero mejorar aun más mi expresión escrita y encontrarme con experiencias tan enriquecedoras como esta.

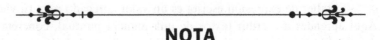

NOTA

Junto a todas las evaluaciones cualitativas están las calificaciones cuantitativas de los procesos de aprendizaje en comunicación escrita. Para no repetir el mismo cuadro tantas veces, lo resumimos así:

Evaluación: Excelente.

Calificación: 5

Agradecimientos

A las empresas, entidades y universidades por confiar en mí el entrenamiento de sus mejores líderes:

Bancolombia, Davivienda, Grupo Bolívar, Helm Bank (Banco de Crédito), Liberty Seguros, BBVA, Baker & McKenzie, Quala, Codensa, Coca-Cola, Avianca, ABN AMRO Bank, Uniandinos, Universidad de La Sabana, Universidad de Los Andes, Kuehne + Nagel, Legis, Dirección Nacional de Planeación, Secretaría Distrital de Planeación, Auditoría General de La República, Movistar, Club Ecopetrol, Ejército de Colombia, Titularizadora Colombiana S.A., Microsoft, Fedex, Audilimited, Grupo Corona, World Vision International.

A la casa editorial Grupo Nelson, por escogerme desde Nashville entre sus autores de *best seller* mundiales.

A Larry A. Downs, vicepresidente y publicador, por su magnífico apoyo y liderazgo efectivo para avanzar en esta obra. Hombre de altura. A Graciela Lelli, por la excelente labor como editora. A Gretchen Abernathy, por su amable ayuda en la revisión de pruebas. A Claudia Duncan, por su valioso acompañamiento desde la gerencia de marketing y a Roberto Rivas, por su impulso como gerente de ventas desde México.

A mi madre, Stella Andrade de González, por su ejemplo de mujer virtuosa, alegre y siempre joven. Tenía razón mi padre en las cartas de amor: «Mujer supraterrenal, ángel subceleste».

Por encima de todo, a Dios. Para Él es todo el crédito de esta obra. Mi vida rendida a sus pies. Mi entera gratitud. Por siempre.

Gracias.

SONIA GONZÁLEZ A.

Notas

Introducción

1. Gabriel García Márquez, *Vivir para contarla* (Bogotá: Grupo Editorial Norma, 2002).

Capítulo 2

1. Daniel Goleman, *Inteligencia emocional* (Barcelona: Kairós, 2001).
2. Gonzalo Martín Vivaldi, *Teoría y práctica de la redacción y el estilo* (Madrid: Paraninfo, XXIII edición, 1990).
3. *Ñapa* es una palabra popular utilizada en Colombia para referirse a un pan de más que daban de regalo en la panadería o en la tienda del barrio. En otros países de Latinoamérica se dice «yapa», «chapa», «vindage» o «vendaje».

Capítulo 3

1. Gabriel García Márquez, *Cien años de soledad* (España: Alfaguara), edición conmemorativa presentada por la Real Academia Española y la Asociación de Academias de la Lengua Española, en el marco del IV Congreso Internacional de la Lengua Española (Cartagena de Indias, 26 a 29 de marzo 2007), y revisada por el propio Gabriel García Márquez.
2. Gabriel García Márquez, *Vivir para contarla* (Bogotá: Norma, 2002).
3. Comentario anónimo en http://www.librerianorma.com/producto/producto. aspx?p=A4b+wtdOAuUFy/69/O/PMQ==.
4. Un commodity (del inglés) en economía es cualquier producto destinado a uso comercial. Al hablar de mercancía, por lo general hace énfasis en productos genéricos, básicos y sin mayor diferenciación entre sus variedades.

Capítulo 7

1. W. Chan Kim y Renee Mauborgne, *La estrategia del océano azul* (Cambridge: Harvard Business School Press, 2005).

2. John Kao, *Jamming: El arte y la disciplina de la creatividad en los negocios* (Norma, 1997), xv.

3. John Maxwell, *Las 21 leyes irrefutables del liderazgo* (Nashville: Grupo, 2007), p. 13.

Capítulo 8

1. Jakob Nielsen, "Be Succinct! Writing for the Web", Jakob Nielsen's Alertbox for March 15, 1997, http://www.useit.com/alertbox/9703b.html.

2. Dianna Booher, *E-Writing: 21st-Century Tools for Effective Communication* (Nueva York: Simon & Schuster, 2001).

Capítulo 9

1. David Sánchez Juliao, "La felicidad de ser lo que uno es", resumen de la conferencia, http://www.davidsanchezjuliao.com/conferencias.asp.

Capítulo 10

1. Rubén Darío (Nicaragua, 1867-1916), *Canción de otoño en primavera*.

Acerca de la autora

Sonia González A., fundadora y directora de PRESS IN Comunicación Inteligente, es reconocida conferencista, consultora y asesora de empresas internacionales en las áreas de la comunicación, el liderazgo y los valores. Es la autora de *El condor herido* y del capítulo colombiano de *Rostros de la violencia en América Latina y el Caribe* de World Vision International. Ha sido colaboradora de diarios y revistas en Colombia, como *El tiempo*, *El espectador*, *Diners* y *Credencial*. Desde su país Colombia viaja por todo Latinoamérica dando programas de entrenamiento empresarial. Es presidenta de la Fundación Cielo Nuevo y directora de la Revista *DAR!* que circula con *El tiempo* en Colombia y *El nuevo herald* en Miami y el sur de la Florida.